Rüdiger Wurr
Henning Trabandt

Abweichendes Verhalten und sozialpädagogisches Handeln

Fallanalysen und Praxisperspektiven

Ein Lehr- und Arbeitsbuch zur Sozialpädagogik

2. Auflage

Verlag W. Kohlhammer
Stuttgart Berlin Köln Mainz

CIP-Kurztitelaufnahme der Deutschen Bibliothek

Wurr, Rüdiger:
Abweichendes Verhalten und sozialpädagogisches Handeln :
Fallanalysen u. Praxisperspektiven ; e. Lehr- u. Arbeitsbuch zur Sozialpädagogik /
Rüdiger Wurr ; Henning Trabandt. – 2. Aufl. – Stuttgart ; Berlin ; Köln ; Mainz :
Kohlhammer, 1986
(Wissenschaft + soziale Praxis)
ISBN 3-17-009281-2
NE: Trabandt, Henning:

2. Auflage 1986

Stuttgart Berlin Köln Mainz
Verlagsort: Stuttgart
Umschlag: hace
Gesamtherstellung:
W. Kohlhammer Druckerei GmbH + Co. Stuttgart
Printed in Germany

Inhalt

Vorwort

Die betrunkene, stark geschminkte Fünfzehnjährige, die von Polizeibeamten aufgegriffen wurde, als sie mit einem älteren Mann ein Hotel in der Hafengegend der Stadt F. aufsuchte, vereinigt mehrere peinliche Merkmale; man könnte auch sagen, sie verhält sich abweichend. Jedoch ergeben sich diese peinlichen Merkmale und die Idee der Abweichung erst vor dem Hintergrund der Vorstellung, daß eine Frau oder gar eine Jugendliche sich nicht zu betrinken und nicht zu prostituieren habe und erst recht nicht beides zugleich. Eine solche Vorstellung teilen die Polizeibeamten mit der großen Masse der übrigen Bürger.. Diese Mehrheit ist sich also über die Abweichung einig. So befindet sich jenes Mädchen in einer Minderheitenposition, und ihre Chancen in der Auseinandersetzung (etwa mit den Polizeibeamten und dem Jugendrichter) stehen nicht sonderlich hoch. Wahrscheinlich wird der Prozeß, der sie aus der bürgerlichen Gesellschaft hinausgeführt hat, voranschreiten.

Dieses Muster der Auseinandersetzung zwischen einzelnen oder Minoritäten und einer gesellschaftlichen Majorität glauben wir mehr oder weniger deutlich in den meisten Arbeitsbereichen der Sozialpädagogik/Sozialarbeit (wir bevorzugen den Begriff Sozialpädagogik für beides) wiederzufinden. Immer geht es um Prozesse der Aussonderung, Absonderung oder — wie wir sagen — der Dissoziierung. Diese zu verhindern ist das primäre Ziel von Sozialpädagogen, so lautet die Ausgangsposition dieses Buches. Sie liegt sowohl der Erarbeitung und Anwendung der Theorien zur Entstehung abweichenden Verhaltens und abweichender Identität (Teil I) als auch der Entwicklung von sozialpädagogischen Handlungsperspektiven (Teil II) zugrunde, denen am meisten Platz gewidmet wurde.

Inhaltlich geht das Buch damit über die zahlreichen nur beschreibenden und erklärenden Ansätze zur Sozialpädagogik hinaus und fordert insofern auch zur Diskussion heraus.

Neuartig für den Bereich der Sozialpädagogik ist das Buch auch in der Darstellung und Vermittlung. Es wird versucht, »radikal« anschaulich zu sein, nämlich

- über Fallbeispiele eine bestimmte Auffassung über die Zielsetzung in den verschiedenen Arbeitsbereichen der Sozialpädagogik herauszuarbeiten,
- Theorien über Fallbeispiele einzuführen und ihre Anwendung als Analyseinstrumente an Fallbeispielen zu üben und
- sozialpädagogische Handlungsperspektiven an Fallbeispielen zu diskutieren.

Geboten scheint ein Hinweis zu den Arbeitsaufgaben. Die Tiefe und Reichweite der Aufgabenstellungen ist sehr unterschiedlich, weshalb ihre

Behandlung jeweils vom Voranschreiten des Lernprozesses abhängig gemacht werden sollte.
Im übrigen empfehlen wir zum Zwecke vertieften wissenschaftlichen Vorgehens die Lektüre der devianz-theoretischen Originaltexte, die jeweils in der Theoriedarstellung angemerkt wurden. Für einige Leser mag diese Lektüre auch insofern von Interesse sein, als sie im Vergleich zwischen Originaltext und unserer Übersetzung die Wandlung sozialwissenschaftlicher Theorie zum pragmatischen Analyseinstrument verfolgen können.
Schließlich muß gesagt werden, daß wir in diesem Buch nur auf die individuellen Aspekte von Dissoziierungsprozessen eingegangen sind. Zumal gegen Ende des Buches wird aber deutlich, daß die sozialpädagogische Intervention auch eine planerisch-politische Perspektive erfordert. Deren Ausbreitung anhand von Fallbeispielen samt Daten, Ereignisfolgen, Widerständen und Konflikten hätte das Buch im Umfang mehr als verdoppelt, weshalb wir diese einer weiteren Arbeit vorbehalten.

Teil I: Abweichendes Verhalten

1. Abweichung als Gegenstand von Sozialpädagogik

In der Sozialpädagogik gibt es eine Reihe von theoretischen Ansätzen, die eine grundsätzliche Aufgabenbestimmung von Sozialpädagogik vornehmen und beanspruchen, die Vielfalt der sozialpädagogischen Arbeitsfelder, Tätigkeiten und Probleme zu decken. Die folgenden sechs Zitate bilden eine Auswahl bekannter Definitionsversuche.

Herman Nohl (Die Sozialpädagogik in der Wohlfahrtspflege, in: ders., Aufgaben und Wege der Sozialpädagogik, Weinheim 1965, S. 18f.; zuerst 1962): »letztes Ziel« und »entscheidendes Mittel« der Sozialpädagogik ist »die persönliche Stützung und (der) Wiederaufbau des Menschen selbst und seiner geistigen Umwelt«.

Hollstein/Meinhold (Sozialarbeit unter kapitalistischen Produktionsbedingungen, Frankfurt 1973, S. 1):
»Dem Sozialarbeiter fällt in der gegenwärtigen Gesellschaft die Rolle zu, Agent und Repräsentant des herrschenden Staates zu sein. Seine Aufgabe ist es, bei seinen Klienten sowohl für die materielle wie für die ideologische Reproduktion des Systems zu sorgen.«

Hans Pfaffenberger (Einleitung zu: Friedländer/Pfaffenberger, Grundbegriffe und Methoden der Sozialarbeit, Neuwied 1966, S. XVI):
Für Sozialpädagogik ist »wesensbestimmend und konstituierend«: »sie ist psycho-soziale Lebenshilfe in den Formen der Anpassungs-, Reifungs- und Bildungshilfe«.

Walter Hornstein (Bildungsplanung ohne sozialpädagogische Perspektiven; in: ZfPäd. H. 3, 1971, S. 286):
Sozialpädagogik »(bemüht) sich um die Lösung derjenigen erzieherischen Aufgaben und Konflikte, die sich im Zusammenhang mit den gesellschaftlichen Prozessen der Neuzeit, also mit Industrialisierung, Verstädterung, Verwissenschaftlichung u. a. entwickelt haben«.

Klaus Mollenhauer (Stichwort Sozialpädagogik; in: Fischer-Lexikon Pädagogik; 1973, S. 291):
»Die Sozialpäd. umfaßt alle jene Aufgaben, die in industriellen Gesellschaften als besondere Eingliederungshilfen notwendig geworden sind und gleichsam an den päd. Konfliktstellen dieser Gesellschaft entstehen.«

Gerd Iben (Die Sozialpädagogik und ihre Theorie; in: ZfPäd. H. 4, 1969, S. 389):
»... geht es um die Verhütung und Beseitigung von erzieherischen und sozialen Mängeln und Gefahrenmomenten sowie um die Befriedigung von neu entstandenen Erziehungsbedürfnissen, die im herkömmlichen Erziehungswesen nicht gestillt werden.«

Wir neigen zu der Auffassung, daß die oben gegebenen Bestimmungen so allgemein gehalten sind, daß sie kaum Aussagekraft haben. Die Bestimmung der Aufgaben der Sozialpädagogik kann den Charakter einer Beschreibung haben (zum Beispiel Hornstein, Mollenhauer, Hollstein/Meinhold), den Charakter einer Deutung des Wesens von Ziel und Gegenstand (zum Beispiel Nohl, Pfaffenberger) oder den Charakter eines Programms (Iben). Nur letzteres, die »programmatische« Bestimmung der Aufgaben von Sozialpädagogik scheint uns für eine Zieldiskussion im engeren Sinne nützlich zu sein. Tatsächlich kommt die Aufgabendefinition von Iben unserer Vorstellung am nächsten, wenngleich uns an einer genaueren, konkreteren oder »direkteren« Bestimmung gelegen ist.
Um zu solch einer Bestimmung zu gelangen, haben wir sieben Fallbeispiele aus ganz unterschiedlichen sozialpädagogischen Praxisfeldern ausgewählt, die wir für typisch halten, wenngleich sie sicher nicht das ganze Feld der sozialen Arbeit abdecken.

siehe Kopien →

Fallbeispiel A

Die Erzieherin Karina arbeitet seit einem Monat im neuen Kindergarten der ev. Kirche im Stadtteil Elsdorf der Stadt K. Sie hat eine Gruppe mit nominell 25 Kindern zu betreuen, von denen durchschnittlich 22 da sind. Ihre Gruppe unterscheidet sich von den beiden anderen gleich großen Gruppen der Einrichtung u. a. durch ihre Zusammensetzung. Die fünf Kinder türkischer Nationalität, die den Kindergarten besuchen, befinden sich alle in Karinas Gruppe. Die Erzieherin sieht sich vor eine Reihe von Problemen gestellt. Der Leiterin der Einrichtung, einer Sozialpädagogin, berichtet sie:
»Die Türken bleiben unter sich, auch bei Gruppenspielen. Wenn es ein Spiel für alle ist, dann machen sie einfach nicht mit. Besonders schwierig ist Refik, der geht auf Mirjam oder Anne mit Fäusten los, wenn ich nicht aufpasse. Neulich hatte er sich mit Ali in der Wolle. Da standen sich Refik mit der Schere in der Hand und Ali mit einem aufgeklappten Taschenmesser gegenüber, Ali wurde von den drei anderen Türken angefeuert. ›Arbeiten in der Gruppe‹ und ›Durchführen von Lerneinheiten‹ geht da überhaupt nicht. Ich kriege die nicht mal für zwanzig Minuten zu einer konzentrierten Tätigkeit. Und dann noch Mirjam – die Kleine aus dem Lager, die, die im Winter mit Sommersandalen kommt, außerdem stinkt sie entsetzlich, Enuresis, ich glaube, die hat einfach nicht gelernt, auf die Toilette zu gehen...«

Fallbeispiel B

Petra ist 13 Jahre alt, zum dritten Mal in ihrem Leben – unterbrochen von längeren Aufenthalten in der Familie – auf dem Wege der freiwilligen Erziehungshilfe (FEH) in einem Erziehungsheim. Ihren Erziehern erscheint sie äußerst problematisch: sie bleibt häufig der Schule fern und verbringt des öfteren auch Nächte außerhalb des Heimes. In Gesprächen, die die Erzieher nach solchen Vorkommnissen immer wieder mit ihr führen, zeigt sie sich regelmäßig einsichtig, nur hält diese Einsicht nie lange vor. Ihre Mutter, geschieden und neu verheiratet, kann oder will sich nicht mit ihr befassen. Zweimal schon wurde Petra spät nachts von der Polizei ins Heim zurückgebracht, nachdem sie mit einer Freundin aus dem Heim bei einer Kontrolle in einer Diskothek aufgegriffen wurde. Vor kurzem ist sie gar zwei Tage und Nächte dem Heim ferngeblieben und wurde dann in einem Warenhaus beim Diebstahl von Kosmetika gefaßt. Die Erzieher entschließen sich daraufhin in einer Dienstbesprechung, beim Jugendamt auf Anordnung von Fürsorgeerziehung hinzuwirken. Petra, der diese Maßnahme schon früher angedroht worden war, sagt, ihr sei das egal.

Fallbeispiel C

Die Anlieger eines in der Innenstadt von N. gelegenen Jugendzentrums haben sich beim Jugendamt über »die Zustände in der Kinderkneipe« beschwert. Es handelt sich bei dem von der Stadt getragenen Haus um ein ehemaliges Kino, das u. a. mit Tischfußball, Flipper, Bühne, Musikanlage und Theke ausgestattet ist. Der Sozialpädagoge Knut Kreutzmann, der das Haus leitet, wird um Rücksprache mit dem hier zuständigen Stadtjugendpfleger gebeten. Er erläutert diesem zunächst, daß das bestehende Alkoholverbot zwar verhindern könne, daß Jugendliche Bier oder Schnaps mitbrächten, daß es jedoch außerordentlich schwierig sei, festzustellen, ob Jugendliche, die das Haus besuchten, nüchtern seien oder nicht. Auch sei man außerstande, die ›Hurricans‹, eine ›Rokker-Gruppe‹, zurückzuweisen, wenn diese dienstags und donnerstags zu den ›Disco-Abenden‹ hereinkämen. »Präsident Kuddl wiegt zwei Zentner«, fährt er in seinem Bericht fort, »er überragt alle, und wenn einer ihm in die Quere kommt, schmeißt er schon mal einen Tisch um oder setzt den Betreffenden vor die Tür. Eigentlich ist er friedlich, aber es gibt da Konflikte mit den Schülern, die es mit Diskutieren versuchen. Kuddl und seine Gruppe wollen den Disco-Abend nach ihrem Geschmack... Und es kommt schon mal vor, daß sie draußen Rabatz machen. Das hängt auch mit den ausgebauten Schalldämpfern zusammen...« Der Stadtjugendpfleger erkundigt sich nach der Zusammensetzung der Besucher und dem Veranstaltungsangebot des Jugendzentrums. Nachdem er erfahren hat, daß an vier Tagen in der Woche Arbeitsgemeinschaften — Musik, Filmen, politische Gesprächsrunde — und Spielabende angeboten werden, die überwiegend von Schülern besucht werden, kaum von Lehrlingen und von keinem ›Hurrican‹, ordnet er an, die konfliktreichen Disco-Abende abzuschaffen. Auf diese Weise könne das kulturelle Angebot für die Jugendlichen noch erweitert werden und diejenigen, die ein Interesse an einer aktiven Freizeitgestaltung hätten, erhielten eine Chance. Die Anlieger könnten beruhigt werden, und sicherlich würde die Stadt solche zusätzlichen Angebote auch finanziell unterstützen.

Fallbeispiel D

In einer Einrichtung der pro familia, die sich vornehmlich mit Beratungen nach § 218 StGB (Schwangerschaftsabbruch) befaßt, sitzt eine Sozialpädagogin Frau B. gegenüber, die im zweiten Monat schwanger ist. Frau B., 32 Jahre alt, verwitwet und in zweiter Ehe geschieden, erzählt:
Sie erhalte von ihrem geschiedenen Mann regelmäßige Unterhaltszahlungen und lebe darüber hinaus von Sozialhilfe. Sie habe kurz nach der Scheidung in einem Obdachlosenlager leben müssen, bewohne aber seit nun fast zwei Jahren eine Drei-Zimmer-Wohnung des sozialen Wohnungsbaus. Die ganzen zwei Jahre habe es ständig Ärger mit den Nachbarn gegeben, weil ihre sechs Kinder (12, 10, 9, 7, 6 und 4 Jahre alt) angeblich zu laut seien. Sie habe oft schon das Gefühl gehabt, als sei Kinderhaben etwas Schlechtes; oft sei sie sich fast wie eine Aussätzige vorgekommen. Sie wage sich gar nicht vorzustellen, was die Nachbarn sagen würden, wenn diese Schwangerschaft erst sichtbar werde, ganz abgesehen davon, daß mit einem siebten Kind ihre Wohnverhältnisse noch beengter und die Kinder deshalb wahrscheinlich noch mehr auf die Umgebung ausweichen würden. Das Austragen der Schwangerschaft sei deshalb für sie unmöglich.

Fallbeispiel E

Die Familie Widerholt lebt mit ihren fünf Kindern in einer Straße am Stadtrand, die beim Sozialamt und auch anderswo als erste Station nach dem Wohnlager angesehen wird. In den kleinen Häuschen, die sich hier aneinanderreihen, wohnen also nur ehemalige Lagerinsassen bzw. von Obdachlosigkeit Bedrohte. Die Familie Widerholt ist vor vier Jahren hierhergekommen, und sie befindet sich erneut in Nöten. Der Familienvater, der in guten Zeiten sein Einkommen als Wachmann nach Hause brachte, ist seit vier Monaten arbeitslos. Nach Aussage der Sozialarbeiterin Weinert vom Sozialamt, die mit der Familie seit langem zu tun hat, hat er stets alles getan, »um geordnete Verhältnisse aufrechtzuerhalten«. »Er trinkt auch nicht«, wie sie der Familienfürsorgerin Klamurat versichert, die »den Fall« gerade neu übernommen hat. Das Problem liege bei der Frau; obwohl ein Vermögenspfleger für die Widerholts tätig sei, gelinge es einfach nicht, die dauernden Ratenkäufe von Frau Widerholt zu verhindern. Die Firmen schlössen bedenkenlos Verträge mit ihr und kümmerten sich überhaupt nicht um die Kreditwürdigkeit ihrer Kunden. Herr Widerholt erhält Arbeitslosengeld und die Familie bekommt Sozialhilfe, wovon ein Teil der Miete bestritten wird. Frau Klamurat von der Familienfürsorge soll die Familie aufsuchen, weil es erneut Mietrückstände gegeben hat; außerdem will sie sich darum kümmern, daß der vierjährige Michael, der zweitjüngste, in den Kindergarten kommt. (Die beiden ältesten Kinder haben es in der Schule ziemlich schwer; festzustehen scheint hier, daß die Sozialisationsbedingungen in der Familie den Schulerfolg nicht fördern.) Frau Klamurat bemerkt bei ihrem Besuch in der Familie deutlich, wie sehr sich die Eltern bemühen, »einen guten Eindruck zu machen«. Offenbar gelingt es der Sozialarbeiterin dennoch, das anfängliche Mißtrauen abzubauen, denn sie erfährt im Laufe ihres Besuches einiges, das ihr Kopfzerbrechen bereiten müßte: Herr Widerholt bekommt nicht nur Arbeitslosengeld und Sozialhilfe, sondern er hat auch noch ein regelmäßiges Arbeitseinkommen — unversteuert —, das über der Sozialhilfe liegt. Frau Widerholt weist voller Stolz auf eine nagelneue Eßecke mit sechs Glasstühlen und Glastisch. Sie behauptet, dieselbe von ihrem Verdienst als stundenweise Haushilfe gekauft zu haben.

Fallbeispiel F

In der Sonderschule für Körperbehinderte des Ortsteils Barmsen der Stadt H. ist jeweils zwei Klassen ein Sozialpädagoge zugeordnet, der Teile des Unterrichts, vornehmlich in Einzelbetreuung, bestreitet, zu bestimmten Zeiten mit den jeweils sechs oder sieben Kindern einer Klasse Bewegungs- und Gruppenspiele durchführt und sich um die Elternarbeit und »auftretende psycho-soziale Probleme« kümmern soll. Ursula Doreen, die hier seit zwei Jahren als Sozialpädagogin tätig ist, kennt die Kinder der zweiten Klasse vom Beginn ihrer Schulkarriere an. Allgemein ist die Situation dieser Kinder durch ein gewisses wechselseitiges Vertrauen gekennzeichnet. Schule und Eltern legen Wert auf die Kommunikation der Kinder untereinander auch während der Freizeit (z. B. durch Besuche am Nachmittag), aber auch auf Kontakte mit nicht-behinderten Gleichaltrigen. Problematisch erscheint der Sozialpädagogin nun die Entwicklung des neunjährigen Jens-Uwe, der sich an einem Rollator fortbewegt (Diagnose: Cerebralparese). Jens-Uwe wird immer »unzugänglicher«, weigert sich zum Beispiel, bei Gruppenspielen mitzumachen, antwortet nicht, wenn er angesprochen wird, bzw. wendet sich ab und klammert sich an die Stuhllehne oder an das Gestänge seines Rollators. Die anderen Kinder haben offensichtlich schon aufgegeben, ihn anzusprechen und in die Kommunikation einzubeziehen. Außerdem ist ein Abfall in bestimmten Leistungsbereichen festzustellen. Seine Rechenaufgaben erledigt Jens-Uwe noch immer fehlerlos. Aber im Lesen scheint er sich nicht nur nicht zu verbessern, sondern geradezu zu verschlechtern. Jens-Uwe verhaspelt sich schon bei den ersten Worten. Im Zuge ihrer Suche nach den Ursachen dieser Entwicklung stellt Ursula Doreen fest, daß Jens-Uwe mit den Nachbarkindern des Dorfes, in dem er lebt, nicht spielen darf, seitdem vor über zwei Jahren einmal das Wort »Krüppel« gefallen war. Die Information stammt von einer älteren Schwester des Jungen. Die Eltern hingegen erklären der Sozialpädagogin: »Die Kinder hier mögen nicht mit Jens-Uwe spielen.« Bei ihrem Besuch erfährt Frau Doreen schließlich, daß Jens-Uwe einen zweijährigen (nicht-behinderten) Bruder hat, dem offensichtlich die ganze Fürsorge der Mutter gilt...

Fallbeispiel G

Ein Sozialpädagoge in der Bewährungshilfe hat Sorgen wegen seines Klienten Heinrich B., der wegen mehrfacher Lagerhausdiebstähle als Rückfalltäter zu einer Freiheitsstrafe von drei Jahren verurteilt worden war. Als Heinrich B. nach zwei Jahren mit der Auflage zur Bewährung entlassen wurde, ein festes Arbeitsverhältnis einzugehen, fand er schnell eine Anstellung in einer Baufirma. Als er dort bereits einige Zeit zur allseitigen Zufriedenheit gearbeitet hatte (wegen seiner guten Leistungen war ihm eine relativ verantwortungsvolle Aufgabe übertragen worden), wurde seine Vorstrafe wegen Diebstahls bekannt. Die Folge war die unverzügliche Versetzung in eine untergeordnete Position und die Verschlechterung der Beziehungen zu den Arbeitskollegen, die ständig fürchteten, daß er sie bestehlen würde. Der Arbeitsplatz wurde ihm deshalb so unerträglich, daß er ihn freiwillig aufgab. Er fand dann Beschäftigung bei einer Schaustellerfirma, die Karussells auf Jahrmärkten betrieb. Nun droht ihm der Widerruf seiner Bewährung, weil die Tätigkeit auf Jahrmarktsplätzen dem Richter nicht als Arbeit gilt und als Verstoß gegen die Bewährungsauflagen interpretiert wird.

Gemeinsam scheint allen sieben Fallbeispielen zu sein, daß in ihnen einzelne Personen oder Gruppen aus den üblichen gesellschaftlichen Beziehungen ausgeschlossen worden sind — bzw. scheinbar sich selbst ausgeschlossen haben — oder von Aussonderung bedroht sind. In allen Fällen gibt es einzelne oder Gruppen, deren weiterer Werdegang — ihre »Karriere« — unter negativen Vorzeichen steht. Sie »kommen nicht mehr mit«, sie haben oder bekommen keine Freunde, werden von der Gruppe ausgeschlossen, müssen in eine geschlossene Erziehungseinrichtung oder sogar ins Gefängnis, ihre gesellschaftliche Eingliederung trifft auf mannigfache Widerstände, ihre Probleme im Umgang mit »den anderen« nehmen zu. Und in jedem dieser Fälle gibt es auch eben jene »anderen«, »Normalen«, »die Gesellschaft«, an deren Maßstäben die Betroffenen gemessen werden. Mit anderen Worten: alle Fälle haben Absonderungsprozesse — von uns *»Dissoziierungsprozesse«* genannt — gemeinsam, die bewirken, daß die Betroffenen, u. U. sogar ohne ihr Zutun, von vollständiger sozialer Teilhabe ferngehalten werden. In der Folge gelten sie als Abweicher. *Von daher läßt sich Abweichung als der entscheidende Gegenstand der sozialpädagogischen Arbeit bestimmen und Verhinderung, Abbruch oder Eindämmung von Dissoziierungsprozessen als entscheidende Zielsetzung.*

Arbeitsaufgabe 1: Diese Aussage gilt jedenfalls für die von uns ausgewählten Beispiele. Prüfen Sie, ob es sozialpädagogische Arbeitsfelder gibt, in denen es nicht oder nicht zur Hauptsache um den Abbau oder die Verhinderung von Dissoziierung geht.

Devianztheorie, lesen S. 15. 16. 17.

2. Analyse abweichenden Verhaltens und abweichender Identität

2.1. Die Notwendigkeit devianztheoretischer Orientierung

Was hat nun die Feststellung, Sozialpädagogik habe es immer mit drohenden oder eingetretenen Dissoziierungsprozessen zu tun, für die Alltagspraxis des Sozialpädagogen zu bedeuten? Gehen wir von jenem Mädchen Petra aus, dem die Einweisung in ein Fürsorgeerziehungsheim bevorzustehen schien (Fall B). Da der Fall sich weiter zugespitzt hat, die Informationen aber sehr karg sind, will der im Jugendamt mit der Sache befaßte Sozialpädagoge mehr erfahren. Eingehend unterhält er sich deshalb mit Petra, mit ihrer Mutter, mit einem Lehrer und besonders mit einer ehemaligen Erzieherin, die immer noch Petras Vertrauen besitzt und häufig von ihr besucht wird. Aus diesen Gesprächen und aus den Akten der Familienfürsorge ergibt sich das folgende Bild:

Petras Mutter wurde vor vier Jahren von ihrem Mann geschieden. Dieser Mann, der offenbar nicht Petras leiblicher Vater ist, aber die Vaterschaft stillschweigend anerkannt hatte, von Beruf Handelsvertreter, war ein chronischer Trinker, der schon in Petras Kindheit mehrfach in Heilanstalten gewesen war. Er hat Petra anscheinend häufig geschlagen, während sich die Mutter vornehmlich um die beiden jüngeren Geschwister kümmerte, die heute sechs und vier Jahre alt sind; Petra fühlte sich von ihrer Mutter benachteiligt. Während eines Anstaltsaufenthaltes des Vaters hat die Mutter Petras jetzigen Stiefvater kennengelernt und sofort nach ihrer Scheidung geheiratet. Dieser Stiefvater, Postsekretär und 15 Jahre älter als Petras Mutter, scheint den Kindern freundlich zugewandt, im übrigen aber recht still und wenig durchsetzungsfähig zu sein. Die Familie wohnt heute in einer Drei-Zimmer-Wohnung in der Innenstadt, die einen sehr unaufgeräumten, aber sauberen Eindruck macht. Die Mutter (»hübsch und lebenslustig«, wie der Jugendamtsmitarbeiter meint, »obwohl sie ›mir und mich‹ verwechselt«) arbeitet halbtags in einer chemischen Reinigung. Die beiden kleinen Kinder besuchen die Schule bzw. den Kindergarten; sie gelten als unproblematisch und werden häufig — auch abends — von der Mutter des Stiefvaters betreut.

Zum ersten Mal wurde Petra vor viereinhalb Jahren ins Heim gegeben, als das erste Kind ein Jahr alt und die Mutter mit dem dritten im fünften Monat schwanger war. Der Mutter fiel es damals sehr schwer, sich von Petra zu trennen, aber der Vater verdiente kaum noch etwas, und sie selbst konnte wegen der kleinen Kinder nicht arbeiten, so daß sie »oft nicht mehr wußte, wovon wir leben sollten«. Außerdem hielt sie die Heimeinweisung auch deshalb für angebracht, weil der Vater nicht nur Petra, sondern auch sie selbst immer wieder bedrohte und schlug.

Nach einem Jahr, als die Mutter wieder geheiratet hatte, kam Petra, vor allem auf Wunsch ihres Stiefvaters, wieder nach Hause. Dort blieb sie eineinhalb Jahre, bis die Mutter anfing zu arbeiten und ihre »Stiefgroßmutter« nicht mit Petra zurechtkam, »weil sie Petra nicht mochte«, wie die Mutter sagt. Damals sollte Petra wegen ihrer guten Schulleistungen eigentlich zur Realschule. Daraus wurde dann nichts, Petra kam wieder ins Heim und besuchte eine Hauptschule in Heimnähe. Ihre Schulleistungen sind heute gut ausreichend, ihr Klassenlehrer meint, daß sie »schon könnte, wenn sie nur wollte«.

Vor einem Jahr kehrte Petra wiederum nach Hause zurück, eine Fortsetzung der Freiwilligen Erziehungshilfe war nach Meinung der Erzieher nicht nötig. Sie war nun gut zwölf Jahre alt und hatte sich nach Meinung aller zu einem ausgesprochen hübschen Mädchen entwickelt. Sie wurde von ihrer Mutter, die »selbst nicht weiß, wo das Geld immer bleibt«, finanziell sehr kurz gehalten. Sie hielt sich nun immer mehr auf der Straße auf, wo sie sich in letzter Zeit besonders einer Mopedclique anschloß. Sie kam immer häufiger zu spät nach Hause, verschlief morgens und hatte oft Streit mit ihrer Mutter. Als die Mutter Petras Schrank inspizierte und dabei neue Kleidungsstücke entdeckte, von denen Petra behauptete, sie seien geliehen bzw. geschenkt, kam es nach acht Monaten zum neuerlichen Antrag auf Gewährung von Freiwilliger Erziehungshilfe und zu den geschilderten Ereignissen. Das Warenhaus, das eigentlich kompromißbereit war, besteht auf einer Anzeige, als es in einem Telefongespräch mit der Heimleitung erfährt, daß Petra aus einem Erziehungsheim kommt.

Die Fülle der gesammelten Informationen scheint auf den ersten Blick beeindruckend; das karge Bild ist lebensnäher geworden. Aber:

> *Arbeitsaufgabe 2:* Welche Erklärungen für Petras augenblickliche Schwierigkeiten lassen sich mit Hilfe der neugewonnenen Informationen finden bzw. welche Zusammenhänge zwischen Petras Lebensverhältnissen und ihren Problemen erscheinen plausibel?

Offenbar führt das scheinbar naive Sammeln von Informationen nicht sehr weit. Hat es für Petras bevorstehende Fürsorgeerziehung etwas zu bedeuten, daß sie ausreichende Schulleistungen aufzuweisen hat, daß sie mit einer Mopedclique umgeht oder daß die Mutter ›mir und mich‹ verwechselt? Und wenn ja: *was* bedeutet es? Für den Jugendamtsmitarbeiter waren diese Tatsachen anscheinend ebenso wichtig (sonst hätte er sie wohl gar nicht erst gesammelt) wie ihm z. B. Petras heutige Beziehungen zu ihren Geschwistern unwichtig waren (sonst hätte er auch dazu etwas gesagt). Mit anderen Worten: welche Informationen der Sozialpädagoge gesammelt und welche er nicht gesammelt hat, hängt von seiner vorgängigen Überzeugung ab, daß sie wichtig sind. Solche Auswahl ist prinzipiell unvermeidbar. Denn zu jeder sozialen Situation ließen sich so viele und so unterschiedliche Daten zusammentragen, daß jede Orientierung verlorenginge. Informationen werden also nach Maßgabe ihrer Bedeutsamkeit für den Informationssammler herangezogen und über ihre Bedeutsamkeit entscheiden theoretische Kategorien — unabhängig davon, ob der Sammler das weiß oder ob ihm seine eigenen Kategorien bekannt sind. Unser Sozialpädagoge war sich darüber offenbar nicht klar, so daß er zu einer Fülle von Tatsachen kam, deren Gewicht für die Erhellung von Petras Problem kaum abzuschätzen ist.
Wir können dagegen nach den vorangegangenen Überlegungen einen anderen Weg einschlagen. Es ist jetzt nämlich deutlich,

a) daß Informationen ohnehin aufgrund theoretischer Kategorien ausgewählt werden und
b) daß es in sozialpädagogischen Handlungszusammenhängen besonders um Dissoziierungsprozesse geht.

Deshalb scheint es uns plausibel, an Petras Probleme devianztheoretisch heranzugehen, uns dabei allerdings der Vorarbeiten zu bedienen, die unser Jugendamtsmitarbeiter geleistet hat. Wir kommen auf S. 37 darauf zurück.

2.2. Welche Theorien?

Keineswegs alle Theorien zur Erklärung abweichenden Verhaltens taugen für unsere Zwecke. Das wollen wir an zwei Beispielen zeigen. In den folgenden Aussagen zur Asozialität von Hans W. Jürgens[1] können wir eine bestimmte Auffassung über das Wesen abweichenden Verhaltens erkennen:

1 Asozialität als biologisches und sozialbiologisches Problem, Stuttgart 1961.

»Die Asozialität ist eine Verhaltensweise, die auf verschiedenartiger Grundlage durch das Zusammenwirken endogener und exogener Faktoren entsteht und daher auch in ihrer Erscheinung kein einheitliches Bild bietet. Es ist daher möglich, daß der einzelne Asoziale sich in vieler Beziehung und in seiner spezifischen Ausprägung der Gemeinschaftswidrigkeit stark von einem anderen unterscheidet. Wenn wir aber eine größere Gruppe untersuchen, zeigen sich biologische und soziale Durchschnittstypen, die sich von anderen Volksgruppen deutlich unterscheiden lassen. Es gibt also einen Typus des Asozialen und eine mit einer gewissen Schwankungsbreite abgrenzbare Bevölkerungsgruppe, die diesen Typus bildet.
Die wesentlichen Merkmale der Asozialität, die im einzelnen sehr vielfältig sind, haben in ihrer Auswirkung gemeinsam, daß sie die Volksgemeinschaft belasten und stören. Die soziale Bevölkerung sieht sich daher in die Lage versetzt, sich davor zu schützen« (S. 161).

Der Autor sieht also abweichende Verhaltensweisen in erster Linie als Merkmal bestimmter Persönlichkeiten, eben der »Asozialen«, die eine eigene Bevölkerungsgruppe bilden. Konsequenterweise behauptet Jürgens auch »die ausschlaggebende Wirkung der Erbanlagen bei der Entstehung des gemeinschaftsunfähigen Verhaltens« (S. 144). Aber wenngleich er sich von der Annahme des »geborenen Verbrechers« distanziert[2], so ist sein Standpunkt dieser Auffassung nicht ganz fern, denn: »Die Erbanlagen bewirken direkt keine asoziale Verhaltensweise, sie disponieren nur dazu ... sie sind drohendes Verhängnis« (S. 145).
Indem dieser Ansatz aber die Frage unbeantwortet läßt, unter welchen Bedingungen das »Verhängnis« eintritt, klammert er die sozialpädagogisch bedeutsamen Perspektiven aus. Er bietet weder für die Analyse noch für pädagogische Maßnahmen Ansatzpunkte.[3]
Nicht folgen wollen wir auch einer anderen devianztheoretischen Konzeption, die sich selbst als marxistisch versteht und hier mit einigen Zitaten aus dem Buch »Gefesselte Jugend«[4] kurz skizziert werden soll. Diese Konzeption sieht abweichendes Verhalten als notwendiges Ergebnis des kapitalisti-

2 Diese Annahme wurde im vorigen Jahrhundert von dem italienischen Anthropologen Cesare Lombroso vertreten, allerdings durchaus mit Einschränkungen.
3 Das ist übrigens auch nicht sein Interesse. Denn da, wie der Autor feststellt, die »Annahme, daß eine Selbstausmerzung der Asozialen auf dem Wege des generativen Verhaltens stattfinde, nicht bestätigt« werden kann (S. 162), ist hier »eine entsprechende Reaktion der Gemeinschaft (zu) verlangen« (S. 162). »Die Forderung einer wirksamen Begrenzung und Ausschaltung des Nachwuchses der Asozialen« wird allerdings »gegenwärtig auf wenig Zustimmung stoßen« (S. 161). »Man wird sich jedoch zu fragen haben, ob man ... dauernd auf die Diskussion der Einbeziehung von ... Präventivanordnungen und damit auf eine wichtige Großmaßnahme in der Bekämpfung des Asozialentums und seines Ballastes wird verzichten können« (S. 161).
Hier zeigt sich deutlich der Rechtfertigungscharakter der Theorie. Die soziale Minderwertigkeit, die in Erbanlagen ihren Ursprung hat, kann eben nur ausgemerzt werden, nicht aber Ausgangspunkt pädagogischer Prozesse sein.
4 Autorenkollektiv, Gefesselte Jugend. Fürsorgeerziehung im Kapitalismus, Frankfurt 1971.

schen Grundwiderspruchs zwischen gesellschaftlicher Produktion und privater Aneignung der Produkte und spricht vom »Verbrechen als der bewußtlosen Form der Empörung gegen die herrschenden Verhältnisse« (S. 113).

> »Dem proletarischen Kind und dem noch nicht im Produktionsprozeß arbeitenden Jugendlichen stehen direkt klassenkämpferische Formen der Konfliktbewältigung nur sehr begrenzt und vermittelt zur Verfügung, besonders in Perioden nichtentfalteter Klassenkämpfe. Das der Klassenlage adäquate Spannungsverhältnis zwischen Ertragen der gesellschaftlichen Widersprüche, Restriktionen, Unterdrückung und Leid einerseits und berechtigter und notwendiger Rebellion andererseits ist ständig in Gefahr, entweder in Verwahrlosung und Kriminalität oder in totale Resignation und Angepaßtheit mit entsprechendem psychischen Leid umzuschlagen« (127).
> »Berufspositionen, in denen der Stärkere, Geschicktere, Rücksichtslosere und Rüdere das Schlachtfeld als Sieger verlassen kann, stehen dem Proletarier kaum offen. ›Bewähren‹ kann er sich vermittels dieser Qualitäten im wesentlichen nur in kriminalisierten Formen: als Berufsverbrecher, Zuhälter etc. Nur zeitweilig gibt ihm die bürgerliche Gesellschaft eine Chance, diese Fähigkeiten auch in ›legaler‹ Form zu realisieren: als Teil der Mobilgarde der Konterrevolution, als Söldling, Legionär, Streikbrecher« (136).
> »Das Ausmaß der Bedürfnisrestriktion proletarischer Kinder richtet sich naturgemäß nach dem Einkommen seiner Eltern. Hier liegt ein Moment, das innerhalb der Arbeiterklasse die nochmalige Überrepräsentation der Kinder ungelernter Arbeiter, Fürsorgeempfänger, deklassierter Proletarier erklärt. Ihre kontinuierliche Versorgung mit Spielzeug, Süßigkeiten, Taschengeld etc. ist vergleichsweise noch schlechter und erhöht ihre ›Tantalus-Qualen‹« (129f.).

Dieser theoretische Ansatz scheint uns insofern zu kurz zu greifen, als er nicht erklärt, warum in der gleichen objektiven Lebenslage dieser zum Abweicher wird und jener nicht. Zwar erkennen die Autoren:

> »In der Vermittlung der objektiven gesellschaftlichen Widersprüche im einzelnen Subjekt führt die selektive Aufnahme und differenzierte Verarbeitung dazu, daß unter objektiv gleichen äußeren Bedingungen der individuellen Lebenslage subjektiv unterschiedliche Handlungen realisiert werden können« (S. 123).

Sie kommen aber zu keinerlei Verarbeitung dieser wichtigen Einsicht. Der Ansatz ist deshalb — jedenfalls in dieser Form — eher der politischen Analyse als der sozialpädagogischen Anwendung dienlich.
Von allen beiden Theorieansätzen — dem sozialbiologischen von Jürgens und dem marxistisch orientierten — haben wir also sozialpädagogische Untauglichkeit behauptet. Diese Untauglichkeitsthese soll hier noch etwas näher ausgeführt werden: Beide Theorieansätze erklären Abweichung als Wirkung einer *unzugänglichen Ursache.* Einmal ist es (mehr oder weniger) das biologische Erbgut, und einmal ist es das gesellschaftliche System als solches, das die Abweichung bewirkt. Diese Erklärung entzieht jeder Aussicht auf Einflußnahme den Boden. *Dem Abweichenden kann nicht oder*

jetzt nicht geholfen werden. Für den Sozialpädagogen, der Jürgens folgen wollte, bliebe nichts als Verzweiflung, da das in seinem Klienten wirksame Erbgut seiner Einflußnahme entzogen ist. Für den Sozialpädagogen, der dem Ansatz der »Gefesselten Jugend« folgen wollte, bliebe ebenfalls nur die Verzweiflung, da das gesellschaftliche System allenfalls langfristig und politisch, kaum aber sozialpädagogisch zu verändern ist. Beide Ursachen liegen also prinzipiell außerhalb sozialpädagogischer Interventionsmöglichkeiten.

2.2.1 Ätiologische Ansätze

In diesem Abschnitt werden einige *Devianztheorien* vorgestellt, mit denen wir im folgenden weiterarbeiten wollen. Es handelt sich um eine Auswahl aus einer Reihe von Theorieansätzen, die die gleiche oder eine ähnliche Richtung vertreten. Sich auf wenige Theorien zu beschränken, erscheint uns aufgrund einschlägiger Erfahrungen sinnvoll. Für die Anwendung in der sozialpädagogischen Praxis ist nicht die Kenntnis möglichst *vieler* Theorien wichtig, sondern das *Umgehenkönnen* mit den gelernten. Übrigens ist unsere Auswahl von Devianztheorien nur beschränkt willkürlich, da sie von anderen gängigen Darstellungen kaum abweicht.[5] Ein Gesichtspunkt der Auswahl war, möglichst verschiedene Aspekte eines Dissoziierungsproblems zu erfassen.
Die Bezeichnung »ätiologische Theorien« bezieht sich auf den gemeinsamen Charakter der hier vorzustellenden Ansätze, die nämlich alle nach den *Ursachen* abweichenden Verhaltens fragen (Ätiologie = Lehre von den Ursachen), nicht aber nach der Definition desselben. Typischerweise wird *kriminelles* Verhalten erklärt, so daß das Problem der Bestimmung, ob ein Verhalten abweichend sei oder nicht, sich nicht zu stellen scheint.
Wir werden die entsprechenden Theorien in einer »übersetzten« und überarbeiteten Form darstellen, d. h. in einer Weise, die den Belangen der Sozialpädagogen Rechnung tragen soll.[6]

2.2.1.1. Die Wert-Mittel-Diskrepanz-Theorie

Die Wert-Mittel-Diskrepanz-Theorie von Robert K. Merton[7] erklärt abweichendes Verhalten als Ergebnis der Diskrepanz zwischen den Zielen

---

5 Vgl. z. B. H. Haferkamp, Kriminalität ist normal, Stuttgart 1972; W. Springer, Kriminalitätstheorien und ihr Realitätsgehalt, Stuttgart 1973; I. Kerscher, Sozialwissenschaftliche Kriminalitätstheorien, Weinheim und Basel 1977.

6 Jeder Leser kann sich aber auch mehr am Original orientieren, da in den Fußnoten jeweils auf die entsprechenden Seiten der Quellen hingewiesen wird.

7 Vgl. R. K. Merton, Sozialstruktur und Anomie; in: F. Sack und R. König (Hg.), Kriminalsoziologie, Frankfurt 1968, S. 283–313.

bzw. Wünschen oder Bedürfnissen einer Person und den Mitteln, die diese Person für die Zielverwirklichung oder Bedürfnisbefriedigung zur Verfügung hat.

Der 18jährige Walter M. hat ein Auto gestohlen.

Man kann vermuten, daß Walter das Bedürfnis, ein Auto zu besitzen, nicht auf legitime (normengerechte) Weise befriedigen konnte, weil er keine entsprechenden Mittel zur Verfügung hatte, was im konkreten Fall zu prüfen wäre. Allerdings geht die Theorie über den Einzelfall hinaus; sie beansprucht sogar, grundsätzlich die Frage klären zu wollen, warum bestimmte Bevölkerungsschichten viel häufiger kriminelle Handlungen begehen als andere. Der geschichtliche Rahmen der Theorie ist dabei die kapitalistische Industriegesellschaft — wobei Merton naturgemäß die USA zuerst im Auge hat. Eine solche Gesellschaft ist gekennzeichnet durch den Erfolgsglauben, das heißt die allgemeine Überzeugung, jeder — ob arm, ob reich — könne innerhalb des bestehenden gesellschaftlichen Systems Erfolg haben. Erfolg läßt sich in diesem System am ehesten und verläßlichsten anhand von Wohlstandssymbolen ausweisen. Also streben Menschen aller Schichten derartige Erfolgssymbole — auch Ziele oder Werte genannt — an. Nur ist deren Erlangung keineswegs allen möglich. Denn die kapitalistische Industriegesellschaft ist ein Konkurrenzsystem, in dem die Mittel — etwa Einkommen und Bildung — ungleich verteilt sind und werden. In den unteren Sozialschichten, die durch Mittelknappheit gekennzeichnet sind, kommt es daher besonders häufig zu »Wert-Mittel-Diskrepanzen«, das heißt zum Auseinanderklaffen von gesellschaftlich geweckten Bedürfnissen (für »Ziele«) und Mitteln zu ihrer Befriedigung.[8]

In unserem Beispiel darf man zunächst annehmen, daß das Auto für Walter ein bedeutsames Erfolgssymbol ist, wie ihm tagtäglich überall demonstriert wird. Es wäre nun zu fragen, warum Walter sich nicht das Auto seines Vaters leihen kann oder warum dieser ihm keines kauft; oder warum Walter selbst sich kein Auto kauft. Die Antwort hieße in diesem Fall: die Familie verfügt über kein Auto; der Vater kann kaum den Lebensunterhalt der Familie aufrechterhalten; Walter ist arbeitslos. Diese Informationen legen die Deutung einer Wert-Mittel-Diskrepanz nahe.

Die Ursache abweichenden Verhaltens wird also in dieser Theorie zweiseitig gesehen: einerseits in der Übernahme bestimmter Werte bzw. des Glaubens an den Erfolg und seine Symbole, andererseits in der Mittelknappheit des Betroffenen. Wir bringen dies auf die Formel: *Ursache abweichenden Verhaltens ist der Widerspruch zwischen Erfolgsidee und sozialer Ungleichheit.*

Robert K. Merton hat diese Theorie vornehmlich an Beispielen aus dem wirtschaftlichen Bereich erläutert. Und es erscheint plausibel, sie (neben anderen Theorien) besonders zur Erklärung von Eigentumsdelikten heran-

8 Merton nennt diesen Zustand im Anschluß an E. Durkheim »Anomie«.

zuziehen. Wir schlagen vor, hier eine von Merton selbst nicht durchgeführte Unterscheidung zu treffen, indem wir von *»ökonomischen Wert-Mittel-Diskrepanzen«* sprechen. Neben diesen, für die unser oben besprochenes Beispiel steht, gibt es »sozio-kulturelle Wert-Mittel-Diskrepanzen«.

> Der 10jährige Friedrich K. besucht die dritte Grundschulklasse, nachdem er die zweite Klasse wiederholen mußte. In den letzten Monaten ist zweimal ruchbar geworden, daß Friedrich die Schule »geschwänzt« hat. Dies wird, nach Ansicht der Lehrer, nicht zur Verbesserung seiner ohnehin »kaum ausreichenden« Leistungen beitragen. Im übrigen ist Friedrich in der Schule immer wieder wegen »mangelnder Manieren« aufgefallen.

Unter bestimmten Voraussetzungen können wir das Problem als eine sich verschärfende sozio-kulturelle Wert-Mittel-Diskrepanz bestimmen: Trifft zu, daß Friedrich mit seinen »sozio-kulturellen« Fertigkeiten, das heißt seiner Sprache, seinen Manieren und seinem Verständnis im Rechnen, Lesen, Schreiben usw. den von der Schule bzw. den Lehrern gestellten Anforderungen nicht gerecht werden kann, und leidet er darunter, so ist für ihn eine schwer zu ertragende Kluft zwischen seinen sozio-kulturellen Möglichkeiten und den von ihm verlangten sozio-kulturellen Erfolgsbeweisen eingetreten.

Kennzeichnend für eine *sozio-kulturelle Wert-Mittel-Diskrepanz* ist mithin zweierlei: Der von ihr Betroffene kann sich dem Erfolgsziel nicht entziehen (sei dieses verinnerlicht oder durch äußeren Zwang durchgesetzt — wie beispielsweise das Erreichen des Klassenziels, eines Schulabschlusses und ähnliches), und der Betroffene verfügt nicht über die für das Erreichen dieses Zieles notwendigen sozio-kulturellen Mittel — wobei es besonders um Fertigkeiten geht, die in der Familie vermittelt und geübt werden wie Sprache, Manieren, Leistungsbereitschaft usw. Auch hier trifft gewiß die Hauptthese von Merton zu, daß Angehörige der unteren Sozialschichten Gefahr laufen, in eine Wert-Mittel-Diskrepanz zu geraten.

> Hier möchten wir auf eine aktuelle Wendung des Problems aufmerksam machen, die zumindest für die Bundesrepublik Deutschland gelten dürfte. Die demokratische Öffnung des Schulsystems in den letzten 10 Jahren hat zu einem sogenannten »Bildungs-boom« geführt. Immer mehr Kinder und Jugendliche besuchen die höheren Schulen, auch wenn die Eltern dies zu ihrer Zeit nicht konnten. Wenn aber das Elternhaus gewisse Voraussetzungen für einen erfolgreichen Besuch der höheren Schule nicht erfüllt, steigt die Gefahr von Schulversagen. Die Schule selbst nimmt darauf keineswegs immer Rücksicht.
>
> Vielmehr ist zu beobachten, daß der schulische Leistungsdruck in den letzten Jahren zugenommen hat. Dies ist gewiß einerseits eine Reaktion auf den großen Schüleransturm und die damit verbundene Verschlechterung der schulischen Arbeitsbedingungen (zu große Klassen), andererseits scheint es auch eine Reaktion auf die verschärfte Arbeitsmarktsituation zu sein.

Wir vermuten, daß die gestiegenen Erwartungen an ihre Kinder bei gleichzeitig fehlenden Möglichkeiten der Eltern, ihre Kinder bei der Bewältigung schulischer Probleme zu unterstützen, sozio-kulturelle Wert-Mittel-Diskrepanzen verursachen. Eine Reaktion wie die oben beschriebene — nämlich Schwänzen — ist nur eine von verschiedenen beobachtbaren Reaktionen.

Damit kommen wir zur Frage der Wirkungen bzw. der Bewältigung von Wert-Mittel-Diskrepanzen. Betrachten wir die Situation von Friedrich, der den Anforderungen der Schule an die Arbeitshaltung und intellektuelle Leistung nicht genügen kann. Wie kann er auf die Situation reagieren? Mit Merton unterscheiden wir fünf grundsätzliche Reaktionsmuster:

a) Deviante Innovation

> Friedrich schreibt seine Hausaufgaben von den Klassenkameraden ab, bei Klassenarbeiten schummelt er.

Er entzieht sich also nicht dem schulischen Erfolgsziel — Versetztwerden, schlechte Noten vermeiden —, verfolgt aber das Ziel auf illegitime Weise, indem er die in der Schule geltenden Verhaltensregeln (Normen) verletzt. Theoretisch heißt das: Um sein *Mitteldefizit* auszugleichen, verhält sich Friedrich in bezug auf das *Ziel konform*, in bezug auf die *Normen abweichend*. Merton nennt dieses Reaktionsmuster *»Innovation«*. Wir wollen es aus Gründen einer besseren Unterscheidung *»deviante Innovation«* nennen. Denn Merton verwendet den Begriff Innovation in einem umfassenderen Sinne. So nennt er die legitimen, nicht normverletzenden, aber bisher noch nicht praktizierten Verhaltensweisen, mit denen anerkannte Ziele verfolgt werden, ebenfalls Innovation. Hierher gehört die Nutzung von technischen Erfindungen in der wirtschaftlichen Produktion oder etwa die Verwendung neuartiger Materialien im Sport (z. B. der Glasfiberstab im Stabhochsprung oder die unterschiedlichen Beläge der beiden Seiten eines Tischtennisschlägers). Hierher gehört auch die raffinierte Ausnutzung der Steuergesetzgebung, die einem Unternehmer oder Händler erhebliche Vorteile einbringen mag, und zwar in einer Weise, wie sie vom Gesetzgeber nie beabsichtigt war, ohne daß aber ein Gesetzesbruch nachzuweisen ist. Übrigens wird gerade an dieser Stelle deutlich, daß die Unterscheidung von devianter und nicht-devianter Innovation keineswegs immer leicht fällt, worauf auch Merton hinweist. Diesem Problem werden wir uns im nächsten Abschnitt zuwenden.

> *Arbeitsaufgabe 3:* Finden Sie ein Beispiel devianter Innovation, dem eine ökonomische Wert-Mittel-Diskrepanz zugrundeliegt. Finden Sie ein Beispiel nicht-devianter Innovation, dem eine ökonomische Wert-Mittel-Diskrepanz zugrundeliegt.

Bsp. 1. Schulabschluß abschreiben (schummeln)
2. Nachhilfestd. stehlen

> *Arbeitsaufgabe 4:* Finden Sie ein Beispiel devianter Innovation, dem eine soziokulturelle Wert-Mittel-Diskrepanz zugrundeliegt. Finden Sie ein Beispiel nicht–devianter Innovation, dem eine sozio-kulturelle Wert-Mittel-Diskrepanz zugrundeliegt.

Der von uns »deviante Innovation« genannte Reaktionstyp kann zur Erklärung für einen großen Bereich abweichenden Verhaltens, besonders den der Eigentumskriminalität, herangezogen werden, der in der Bundesrepublik Deutschland übrigens den weitaus größten Teil der registrierten Delikte ausmacht. — Und so läßt sich auch im oben gegebenen Beispiel des Autodiebstahls aufgrund der dort gegebenen Informationen der Fall einer devianten Innovation herauslesen.

b) Rückzug

> Friedrich schwänzt so oft er kann. Während der Schulzeit versteckt er sich im Park. Er sieht den Enten und Gänsen auf dem Teich zu, liest Tarzan- und Supermann-Hefte oder döst vor sich hin. Manchmal hat er die willkommene Begleitung seines Klassenkameraden Paul, der ebenfalls schwänzt. Ist Friedrich in der Schule anwesend, beteiligt er sich nicht am Unterricht. In den Pausen hat er oft die Gesellschaft seines Freundes Paul, um weitere Kontakte bemüht er sich nicht. Daß er dauernd schlechte Noten bekommt, ermahnt und kritisiert wird, scheint er resignierend hinzunehmen.

Friedrich entzieht sich mithin dem schulischen Erfolgsziel, und er versucht auch nicht, sein (soziokulturelles) Mitteldefizit auszugleichen.
Theoretisch bedeutet dies: Friedrich nimmt sein *Mitteldefizit* hin, er verhält sich in Hinblick auf das *Ziel indifferent* und in Hinblick auf die *Normen abweichend.* Merton nennt dieses Reaktionsmuster *»Rückzug«* (retreatism, auch als Apathie oder Regression zu übersetzen). Als Beispiel nannte er den Rückzug der Mitglieder außerweltlich orientierter Sekten aus dem gesellschaftlichen Leben mit seiner rücksichtslosen Konkurrenz und seinem »oberflächlichen« Erfolgsstreben. Unseres Erachtens spielt das Rückzugsverhalten als Reaktion auf eine ökonomische oder sozio-kulturelle Wert-Mittel-Diskrepanz im Bereich der Sozialpädagogik eine bedeutende Rolle.

> *Arbeitsaufgabe 5:* Finden Sie weitere Beispiele für Rückzugsverhalten als Reaktion auf eine ökonomische und/oder soziokulturelle Wert-Mittel-Diskrepanz bei Klienten der Sozialpädagogik.

c) Rebellion

> Nachdem Friedrich im Park erwischt worden ist, hat er von seinen Eltern Vorhaltungen und Prügel bekommen. Seitdem findet er sich zwar pünktlich in der Schule ein, aber nach Meinung der Lehrer hat er sich keineswegs »ge-

> bessert«. Er gähnt zum Beispiel häufig, redet laut dazwischen, wenn der Lehrer etwas erklärt, wirft »Düsenjäger« aus Papier in die Luft, klebt anläßlich einer Klassenarbeit seinen Kaugummi zwischen die Seiten seines Heftes, rülpst unverhohlen und weigert sich zumindest passiv, den Anordnungen der Lehrer zu gehorchen. Bei solcher Gelegenheit erklärt er gelegentlich heiter: »Was soll ich mir denn darüber den Kopf zerbrechen! Ich bleib doch sowieso hängen!« Friedrich findet einigen Beifall bei den Klassenkameraden. Mit der Zeit kommt es ihm immer mehr auf den Beifall an. Er beginnt, Mitschüler und Lehrer durch seinen Einfallsreichtum zu verblüffen, letztere allerdings auch zu entsetzen. Dies gilt beispielsweise für die Ratte im Käfig, die der Klassenlehrer eines Morgens unter seinem Pult vorfindet, oder für das in tausend Fransen zerschnittene Hausaufgabenheft, das der Lehrer einsehen will.

Friedrich negiert also das in der Schule allgemein gültige Erfolgsziel, und er setzt an seine Stelle ein anderes, in diesem Fall etwa den Lehrern zu schaden, sie zu blamieren und eine eigene Anhängerschaft zu gewinnen. Und die Verhaltensweisen, deren er sich in Verfolgung dieses neuen, selbstgesteckten Zieles bedient, »fallen aus dem Rahmen«, weichen von den in der Schule geltenden Normen ab. Zwar ist seine sozio-kulturelle Wert-Mittel-Diskrepanz bzw. seine entsprechende Mittelknappheit Ausgangspunkt seines jetzigen Verhaltens. Doch versucht er keineswegs, das Mitteldefizit auszugleichen, sondern er *»rebelliert«* gegen das System selbst. *»Rebellion«* heißt das entsprechende Reaktionsmuster auch bei Merton. Der Rebell verhält sich in Hinblick auf das *geltende Ziel negierend,* er setzt an dessen Stelle andere Ziele, und er verhält sich in Verfogung dieser anderen Ziele auch in Hinblick auf die *geltenden Normen abweichend.*

Als Rebellion in diesem Sinne läßt sich mit Merton das Verhalten des politischen Revolutionärs deuten, der eine grundsätzliche Veränderung der gesellschaftlichen Macht- und Abhängigkeitsverhältnisse anstrebt. (Allerdings erscheint bei einer solchen Deutung der Zusammenhang mit einer der revolutionären Aktion zugrundeliegenden Wert-Mittel-Diskrepanz unklar bzw. abstrakt; ist doch der Revolutionär nicht notwendig jemand, der selbst von den gesellschaftlichen Unterdrückungsmechanismen betroffen ist.)

In einigen sozialpädagogischen Arbeitsbereichen erscheint dagegen die Deutung von Rebellion als Reaktion auf eine Wert-Mittel-Diskrepanz oft zwingend, so etwa das Verhalten von Kindern und Jugendlichen, die in ein Heim eingewiesen worden sind, das Verhalten von Insassen in Justizvollzugsanstalten oder von Patienten in Psychiatrischen Anstalten. Allerdings dürfte es in diesen Fällen häufig vorkommen, daß eine rebellische Phase, die sich gegen das Regelsystem der Einrichtung und die Vernachlässigung der Bedürfnisse und Motive des einzelnen richtet, durch andere Reaktionsmuster abgelöst wird, nicht zuletzt wegen der Strafen, denen der Rebell in solchen Einrichtungen kaum entgehen kann. Ein nicht selten zu beobachtendes Reaktionsmuster der Folgephase ist der Rückzug. Zwei weitere werden im folgenden dargestellt.

Phasen lösen sich ab
Rebellion → Strafe → Rückzug

Arbeitsaufgabe 6: Deuten Sie mittels der Ihnen bekannten Merton'schen Reaktionstypen bestimmte »typische« Verhaltensweisen von Rockergruppen, etwa kollektive Sachbeschädigung, Lederkleidung, provozierendes Auftreten u. ä.

d) Scheinanpassung

Friedrich kommt im Rahmen der Freiwilligen Erziehungshilfe in ein Kinder- und Jugendheim. Die Mutter und der zuständige Sozialarbeiter beim Jugendamt sowie der Heimleiter versichern Friedrich, daß es »ganz und gar an ihm selbst« liege, ob er im nächsten Jahr wieder nach Hause könne. Im Heim findet Friedrich schnell Anschluß. Er lernt »zurechtzukommen«. Gelegentlich läßt er einem Erzieher gegenüber zwar erkennen, ihn »geht die Sache hier nichts an«, aber er bemüht sich, nicht aufzufallen. Obwohl Friedrich sich im Sport als besonders kräftig zeigt, läßt er sich nie in eine Schlägerei verwikkeln, solange ein Erzieher oder ein anderer Erwachsener in der Nähe ist. Anläßlich eines nächtlichen Treffens mit Freunden auf dem Dachboden gibt es allerdings eine körperliche Auseinandersetzung, bei der ein anderer Junge durch Friedrichs Einwirkung Nasenbluten bekommt und einen Zahn verliert. Den Erziehern gegenüber verhält sich Friedrich aber keineswegs aufsässig, sondern eher passiv-freundlich. Er gilt als unproblematisch. In der Schule ist man verwundert, weil Friedrich zwar in seinen Leistungen nicht glänzt, jedoch »kaum Verhaltensstörungen« zeigt. Übrigens schreibt er weiterhin bei den Mitschülern ab, geht dabei inzwischen aber so gewitzt vor, daß die Lehrer nicht einmal Verdacht schöpfen. Seinen neuen Freunden hat er anvertraut: »Wenn ich wüßte, daß sie mich nicht erwischen, würde ich den Laden hier anzünden!«

Friedrichs Verhalten ist äußerlich angepaßt, obwohl er zum Regelsystem des Heimes wie zu Sinn und Zweck der Einrichtung selbst eine ablehnende Haltung einnimmt. Seine Anpassung ist nur scheinbar, sie ist opportun, da ein anderes Mittel, wieder nach Hause zu kommen, fehlt. Wir wollen diesen Reaktionstyp dementsprechend auch *»Scheinanpassung«* oder »Opportunismus« nennen — in Abwandlung des Merton'schen Begriffs des »Ritualismus«. Für den Opportunisten bzw. Scheinangepaßten ist kennzeichnend, daß er sich in Hinblick auf die *geltenden Normen konform* verhält, obwohl er ein *indifferentes oder auch ablehnendes Verhältnis zu den entsprechenden Zielen hat.*

Elemente der Scheinanpassung finden sich vermutlich bei uns allen, wie die meisten Menschen auch mehr oder weniger stark unter (ökonomischen und sozio-kulturellen) Wert–Mittel–Diskrepanzen leiden.[9] Sozialpädagogisch

[9] Mancher besucht die Kirche, nicht weil er einem Glaubensbedürfnis folgt, sondern weil es von ihm erwartet wird; man trägt zur obligaten Geburtsfeier eines Kollegen im Betrieb eine »Aufmerksamkeit« bei, obwohl man die Feier für unsinnig hält und einem vielleicht gerade dieser Kollege besonders unsympathisch ist usw.

bedeutsam wird das Reaktionsmuster Scheinanpassung erst, wenn die zugrundeliegende Wert-Mittel-Diskrepanz für den Betroffenen »unerträglich« wird und *kompensiert* werden muß. Im vorliegenden Falle verbirgt sich hinter der Fassade der Anpassung womöglich ein »zweites Leben«[10], das Bezugssystem der »Subkultur der Heimkinder«. Hier lernt man Wünsche und Bedürfnisse im Geheimen zu befriedigen. (Zum Beispiel mögen Friedrich und seine Freunde, nachdem sie um 21 Uhr die offizielle Bettruhe zu respektieren scheinen, gegen Mitternacht gelegentlich auf den Dachboden umziehen, wo sie erste Zigaretten rauchen, »Pattex schnüffeln«, pornografische Hefte austauschen und dergleichen mehr.) Man lernt zu lavieren, zu fingieren, zu betrügen und dennoch stets angepaßt zu erscheinen. Sozialpädagogisch macht es einen Unterschied, ob ein solches Verhalten als Reaktion auf eine Wert-Mittel-Diskrepanz begriffen oder ob etwa ein Erziehungsdefizit, »moralische Fehlgeleitetheit« oder dergleichen angenommen wird.

> *Arbeitsaufgabe 7:* Finden Sie weitere Beispiele für den Reaktionstyp »Scheinanpassung« (»Opportunismus«) bei Klienten der Sozialpädagogik.

e) Konformität

Zuguterletzt sei angenommen, daß Friedrich nicht am Problem der soziokulturellen Wert-Mittel-Diskrepanz und deren Wirkungen scheitert, wie ja auch die Mehrheit der von solchen Diskrepanzen Betroffenen sich konform verhält. Zur Erläuterung dienen zwei Fallvarianten:

> Friedrichs Mutter wird durch einen vom Jugendamt eingesetzten Erziehungsbeistand beraten. Dieser organisiert eine Schularbeitenhilfe und den Eintritt des Jungen in einen Sportverein, in dem auch vier seiner Klassenkameraden Fußball spielen. Friedrich entpuppt sich als guter Fußballspieler und wird nun nicht mehr von den Kameraden »geschnitten«; in der Schule beginnt er sich »zu fangen«.

Er verhält sich in Hinblick auf das schulische *Erfolgsziel konform* und in Hinblick auf die *Normen* ebenfalls *konform*. Dieses Verhaltensmuster, hier mit Merton *»Konformität«* genannt, ist im vorliegenden Fall zustandegekommen, nachdem Friedrich Unterstützung bezüglich der (sozio-kulturellen) Mittel erhalten hat. — Noch ein anderer Fall muß in Betracht gezogen werden:

10 Dies »zweite Leben« (»Unterleben«) ist ausführlich analysiert bei E. Goffman, Asyle. Über die soziale Situation psychiatrischer Patienten und anderer Insassen, Frankfurt 1972, bes. S. 169–304.

> Friedrich ist auf die Sonderschule für Lernbehinderte überwiesen worden. Hier hat er keinerlei Schwierigkeiten. Von »Verhaltensstörungen« ist keine Rede mehr.[11]

Auch in diesem Fall ist Konformität sowohl auf der Ziel- als auch auf der Normenebene gegeben. Im Unterschied zur ersten Variante wurden nicht die *Mittel verbessert,* sondern es wurde das *Ziel »herabgeschraubt«.* Beide Möglichkeiten sind in der Sozialpädagogik zu beobachten. — Im übrigen ist Konformität — und zwar in diesem Sinne — der verbreitetste Anpassungstyp auch in den unteren Sozialschichten, die am meisten von Wert-Mittel-Diskrepanzen betroffen sind.

Arbeitsaufgabe 8: Finden Sie Beispiele aus Arbeitsfeldern der Sozialpädagogik, bei denen die sozialpädagogischen Bemühungen der Stärkung der Mittelausstattung der Klienten gelten, und finden Sie desgleichen Beispiele, bei denen die sozialpädagogischen Bemühungen eher der Zielreduktion (= Bedürfnisreduktion) gelten.

2.2.1.2. Die Theorie der unterschiedlichen Lernfelder

Gemäß der Theorie der unterschiedlichen Lernfelder von E. H. Sutherland[12] ist abweichendes Verhalten Resultat von kriminalisierenden Lernprozessen.

> Halten wir uns das Beispiel eines jungen Mannes vor Augen, der Autos stiehlt. Dazu ist das Beherrschen bestimmter Techniken nötig, etwa des »Knackens« und »Kurzschließens«. So etwas »kann man« nicht einfach, sondern man muß es von anderen lernen. Im übrigen erhöht es das Risiko, wenn man einen Autodiebstahl ohne »Partner« durchführt, weshalb gewöhnlich einer »das Terrain sondiert«, »Wache schiebt«, gegebenenfalls warnt, Leute ablenkt und so weiter. Und lohnend ist das Stehlen von Autos nur, wenn man »Abnehmer« hat, Hehler, Händler etwa, oder wenn das Delikt selbst Quelle der sozialen Bestätigung ist — dies mag der Fall sein, wenn eine Gruppe Jugendlicher dem erfolgreichen Dieb applaudiert, ihm ihre Bewunderung zuteil werden läßt, ihn feiert oder als Belohnung erst in die »gang« aufnimmt. In einer solchen Gruppe wird zugleich auch eine bestimmte Haltung gegenüber der Polizei vermittelt und immer wieder bestärkt. Den »Bullen« muß man aus dem Weg gehen, aber man soll sie möglichst oft »reinlegen«, und jedenfalls sind sie Feinde. Gerüchte über die

---

11 Damit soll nicht behauptet werden, daß Friedrichs Reaktion auf die Sonderschulüberweisung typisch wäre; vgl. dazu H. Trabandt, Wem hilft die Sonderschule? Untersuchungen über die Herstellung und Verwaltung von Dummheit, Königstein/Ts. 1979.

12 »Differential association« wurde auch mit »differentielle Assoziation« und »differentielle Kontakte« übersetzt. Vgl. E. H. Sutherland, Die Theorie der differentiellen Kontakte; in: F. Sack und R. König (Hg.), Kriminalsoziologie, Frankfurt 1968, S. 395–399.

> Grausamkeit von Polizeibeamten machen die Runde, so oft, bis sie auch vom letzten Gruppenmitglied »geglaubt« werden. Die Verletzung von Gesetzen fällt angesichts solcher »Erfahrungen« um so leichter.

Entsprechend besagt die Assoziationstheorie, daß das Erlernen abweichenden Verhaltens die zugehörigen Motivationen, Einstellungen, Zielsetzungen und Techniken umfaßt. Solche Lernprozesse vollziehen sich in Gruppen, die aufgrund der wechselseitigen emotionalen Bindung ihrer Mitglieder eine große Prägungskraft bzw. eine »primäre« Bedeutung für die Identitätsfindung von Kindern und Jugendlichen haben. Diese »Primärgruppen« genannten »Assoziationen« können sein: die Familie, die jugendliche Bande, eine Gruppe von Heimkindern oder Gefängnisinsassen, oder auch die Freunde, Spielkameraden, Nachbarn in einem Wohnlager. — Der kriminalisierende Lernprozeß unterscheidet sich in nichts von anderen Lernprozessen, außer in den Inhalten.[13]
Vergleicht man die Wert-Mittel-Diskrepanz-Theorie von Merton und die Assoziations-Theorie von Sutherland, so findet man einen jeweils anderen Erklärungsanspruch. Die Wert-Mittel-Diskrepanz-Theorie forscht nach den gesellschaftsstrukturellen Ursachen der Entstehung abweichenden Verhaltens; die Theorie der unterschiedlichen Lernfelder setzt gleichsam auf einer Ebene »darunter« an, indem sie dem Prozeß des Erlernens abweichender Verhaltensmuster, Haltungen, Techniken usw. nachgeht.

Arbeitsaufgabe 9: Vergegenwärtigen Sie sich an einem Beispiel einen »abweichenden Lernprozeß« im Sinne der Theorie der unterschiedlichen Lernfelder. Berücksichtigen Sie bei der Diskussion die Aspekte der Motivationen, Einstellungen, Techniken und Norminterpretationen.

2.2.1.3. Die Theorie der jugendlichen Bande

Die Theorie der jugendlichen Bande bzw. der »delinquenten jugendlichen Subkultur« von A. K. Cohen[14] gibt eine Antwort auf die Frage nach dem Zusammenhang von gesellschaftlicher Struktur und kriminalisierenden Lernprozessen.
Gemäß dieser Theorie ist der Anschluß an die jugendliche Bande eine Reak-

13 Bisweilen läßt sich eine Theorie dadurch besser verstehen, daß man den historischen Hintergrund heranzieht, vor dem sie entstanden ist und für den sie gilt. So wird unseres Erachtens die Theorie der unterschiedlichen Lernfelder besser verständlich vor dem Hintergrund der amerikanischen Gesellschaft mit ihren ethnischen Minderheiten, den Ghettos der Großstädte, den Subkulturen der Puertoricaner, der Italiener, Chinesen, der schwarzen und weißen »Dealer«, »Junkies« und »underdogs«, wo sich das organisierte Verbrechen seinen Nachwuchs nicht »heranzuzüchten« braucht, weil die Ghettos ihn gleichsam natürlich hervorbringen.

14 Vgl. A. K. Cohen, Kriminelle Jugend. Zur Soziologie des Bandenwesens, Reinbek 1961, bes. S. 17–31, 83–85, 90–91, 101–103.

tion auf die sich bei den Jugendlichen der unteren Sozialschichten häufenden Wert-Mittel-Diskrepanzen. Die Bande bildet eine *»Subkultur«* aus, d. h. ein Wertsystem, das gegen das in der Gesellschaft der etablierten Bürger geltende gerichtet ist und entsprechend auch *abweichende Regeln* (Normen) für das Verhalten der Bandenmitglieder bedingt.

Unter den männlichen Mitgliedern der Rockergruppe »Hurricans« gibt es nur zwei, die einen Arbeitsplatz haben (und zwar auf dem Fischmarkt). Die anderen haben eine Lehre abgebrochen oder nach Abschluß der Schule erst gar keine begonnen. Einige haben verschiedene Gelegenheits-Jobs hinter sich. Und was die Schulbildung betrifft, so stellen die Hurricans eine vergleichsweise einheitliche Gruppe dar. Der höchste vertretene Ausbildungsgrad ist der Hauptschulabschluß; die meisten Hurricans sind in ihrer schulischen Laufbahn mindestens einmal »sitzengeblieben«; einige waren Sonderschüler. Die Gruppe scheint noch andere Kennzeichen aufzuweisen: die Mitglieder kommen ausnahmslos aus wirtschaftlich schwachen Familien; viele sind vaterlos aufgewachsen, und von den anderen hört man regelmäßig (fast schon selbstverständliche) Klagen über den Vater, etwa dieser Art: »Mit dem Alten ist nichts los«, weil »der schafft keine Kohle ran«, »der ist immer besoffen, wenn er mal nach Haus kommt« oder »dann fängt er noch an, sich zu prügeln«.

Die Hurricans prügeln sich ebenfalls gelegentlich, mit Vorliebe suchen sie Streit mit den Realschülern und Gymnasiasten, die sie während der »Disco-Abende« im Jugendzentrum treffen, das vor einem halben Jahr in »ihrem« Viertel eingerichtet worden ist. Der Leiter dieser Einrichtung, der seinerseits einmal seine Karate-Künste unter Beweis gestellt hat und der von den Hurricans respektiert wird, hat aber bislang das Schlimmste verhindern können. Als jedoch in der Nähe des Jugendzentrums eines Nachts ein Kiosk verwüstet wird, ist es ein offenes Geheimnis, daß dies auf das Konto der Hurricans geht. Nicht nur ist etwa die Tür aufgebrochen, sind Alkoholika und Zigaretten entwendet worden, sondern es sind alle im Raum befindlichen Flaschen — ob leer, ob voll — zerschlagen, die vorhandenen Regale, ein Tisch und zwei Stühle sowie ein Gasheizgerät zertrümmert und die Wände mit Fäkalien beschmiert worden.

Obschon dieser Vorfall auch für die Hurricans nicht alltäglich ist, so ist er doch nicht ungewöhnlich. Die Hurricans scheinen »Zerstörung von Eigentum«, »Beschmutzungen« und »Störung der öffentlichen Ordnung« für besonders erstrebenswert zu halten. So demolieren sie unbewachte Autos, »löschen« Straßenlaternen (durch Steinwürfe), zerschlagen Glasflaschen auf dem Fußweg, urinieren gegen Hauswände, reißen Papierkörbe aus der Verankerung und leeren sie in einem möglichst breiten Wirkungsradius. Alle diese »Taten« werden jeweils unter lautstarkem Beifall der Beteiligten, gelegentlich auch unter Anstimmen obszöner Lieder, und jedenfalls in einer Atmosphäre unverbrüchlicher Zusammengehörigkeit und rückhaltlosen Füreinandereinstehens durchgeführt.

Gemeinsam sind den Mitgliedern der Bande offenbar ökonomische und sozio-kulturelle Wert-Mittel-Diskrepanzen (welche unter anderem aus dem in mehrfacher Hinsicht schlecht ausgestatteten häuslichen Milieu herrühren). Die Hurricans sind Leute, die im Konkurrenzsystem unserer Gesell-

schaft (in der Schule, bei der Arbeitssuche, im finanziellen Verdienst) nicht mithalten können. Ihre Reaktion auf diese Lage ist der Zusammenschluß in der Bande und die Übernahme von Bandennormen, die sich gegen die etablierte Gesellschaft richten und deren Befolgung die Gruppe belohnt. Die Bande selbst vermittelt also ihren Mitgliedern jene Erfolgsgefühle und jene Wertschätzung, die die Gesellschaft mit ihren (für die Hurricans unerfüllbaren) Leistungsanforderungen ihnen vorenthält.
Damit haben wir eine Erklärung gefunden für die zuvor noch offene Frage, unter welchen Bedingungen es zu jenen »kriminalisierenden« Lernprozessen kommt. Zusätzlich haben wir eine Erklärung für gewisse Delikt-Formen (wie zum Beispiel Vandalismus) gewonnen, die jetzt als Reaktion der Gruppe auf die frustrierenden »Teilnahmebedingungen« im Konkurrenzkampf begriffen werden können.
Und ein weiterer Aspekt scheint uns wichtig zu sein:

Arbeitsaufgabe 10: In dem oben gegebenen Beispiel scheint die Beziehung der männlichen Jugendlichen zu den Vätern eine besondere Bedeutung zu haben. Diskutieren Sie unter dem Stichwort »Identifikationsproblematik« die Funktion des Vaters in der »gewöhnlichen« Familiensozialisation und in der Sozialisation dieser Jugendlichen.

2.2.2. Der Definitions-Ansatz

Die zuvor beschriebenen ätiologischen Devianztheorien sind sich bei aller Unterschiedlichkeit ihrer Ansätze in einem einig: sie beschreiben Faktoren, die den Abweicher dazu bewegen, abweichend zu handeln. Ob aber die Handlung an sich abweichend und als solche fraglos identifizierbar ist, wird nicht erörtert: ein Dieb ist ein Dieb, ein Schulschwänzer ein Schulschwänzer, ein Trinker ein Trinker usw. Diese Konzeption wird aber fragwürdig, wenn man sich den folgenden Fall vergegenwärtigt:

> Der Student Ulf R., mit wenig Stipendium und von Haus aus mit keiner finanziellen Unterstützung versehen, hat sich angewöhnt, regelmäßig jede Woche beim Einkauf im Supermarkt einige Lebensmittel »mitgehen zu lassen«, die er sich sonst nicht leisten könnte. Zwar wissen einige seiner Freunde davon, auch wird er manchmal von anderen Kunden beobachtet, er wird aber niemals »ertappt«. So übt er diese Praxis während seiner ganzen Studienzeit und stellt sie erst ein, als er nach dem Examen genug verdient.

Arbeitsaufgabe 11: Ist Ulf R. ein Dieb? Darf man ihn so nennen? Wer darf das? Was muß geschehen, bevor er ein Dieb »ist«?

Aus dem Beispiel läßt sich eine Einsicht gewinnen, die grundlegend für alle interaktionistisch orientierten Devianztheorien ist und sie von den ätiologischen Ansätzen unterscheidet: *nicht durch eine Handlung an sich wird je-*

mand zum Abweicher, sondern dadurch, daß andere diese Handlung als abweichend ansehen und diese Ansicht auch sozial durchsetzen. Diese Konzeption bildet den Hintergrund einer Reihe von theoretischen Ansätzen, die unter verschiedenen Namen bekannt sind: labeling approach (Etikettierungs-Ansatz), Stigma-Theorie, Karriere-Ansatz, Zuschreibungstheorie, Definitions-Ansatz. Sie beziehen sich meist auf einen oder mehrere Aspekte des Devianzprozesses und sollen im folgenden als *»Definitionsansatz«* zusammengefaßt und näher begründet werden.[15]

Beginnen wir mit einem alltäglichen und ganz harmlosen Beispiel abweichenden Verhaltens.

> Sie begegnen auf der Straße Ihrem Bekannten Heinrich B., er wendet Ihnen die Augen zu, Sie grüßen ihn; er wendet die Augen ab, grüßt nicht zurück und geht vorbei.

Arbeitsaufgabe 12: Stellen Sie aufgrund Ihrer Alltagserfahrungen Vermutungen über mögliche Gründe für Heinrich B.'s Verhalten an.

Auf welche Gründe man auch immer dieses Verhalten zurückführt, eines scheint sicher: die reine Tatsache des nicht erwiderten Grußes hilft nicht, die plausiblen und wahrscheinlichen Vermutungen von unwahrscheinlichen und unplausiblen zu trennen. Das Verhalten muß auf jeden Fall *interpretiert* bzw. *»definiert«* werden, um eine bestimmte Bedeutung zu erhalten.[16] Bei solchen Interpretationen ist das Heranziehen von *»Hintergrundwissen«* (Cicourel) unerläßlich: Erfahrungen, die Sie mit Heinrich B. früher gemacht haben; Informationen über seine Lebensart und sein Schicksal; Erlebnisse, die Sie selbst in ähnlichen Situationen hatten; »Gewißheiten«, wie sich Leute seiner Art typischerweise verhalten usw. Kein Verhalten trägt seine Bedeutung mit sich, und es ist noch nicht einmal sicher, ob die Bedeutungsgebung des Handelnden selbst (in unserem Fall: Heinrich B.) sich gegen anderslautende Bedeutungsgebungen durchsetzen kann.

Was damit allgemein über die Interpretation von Verhalten und deren Notwendigkeit gesagt wurde, gilt natürlich auch für die Definition abweichenden Verhaltens. Der jeweils zugrundeliegende physikalische Vorgang sagt wenig darüber aus, ob es sich, um ein drastisches Beispiel zu nehmen, um Mord, Totschlag, Notwehr, Nothilfe oder moralische Pflicht gegenüber dem Vaterland handelt — weshalb ja auch das Strafrecht hier den formellen Interpretationsprozeß Gerichtsverhandlung vorschreibt. Die Tat-

15 Vgl. vor allem H. S. Becker, Außenseiter. Zur Soziologie abweichenden Verhaltens, Frankfurt 1973, bes. S. 7–13; F. Sack, Neue Perspektiven in der Kriminologie; in: F. Sack und R. König (Hg.), Kriminalsoziologie, Frankfurt 1968, S. 432–475.

16 Vgl. H. Trabandt/H. Trabandt, Aufklärung über Abweichung, Stuttgart 1975, bes. S. 30f.; J. Feest, Die Situation des Verdachts; in: J. Feest und R. Lautmann (Hg.), Die Polizei, Opladen 1971, S. 71–92

sache, daß jemand getötet wurde, läßt den Verdacht entstehen, daß eine Abweichung vorliegt, aber eben nur den Verdacht. Zur Entstehung von Gewißheit trägt die Tötungshandlung selbst nichts mehr bei. Um zu solcher »Gewißheit« zu gelangen, muß der Beurteiler eben eigenes Hintergrundwissen einsetzen.

Welche soziale Bedeutung eine Handlung erhält, hängt auch davon ab, welcher der Beteiligten seiner Bedeutungsgebung das größere Gewicht zu geben vermag. Der Stellenwert dieser Durchsetzungskraft wird um so greifbarer, je schwerer die Abweichung wiegt, um die es geht.

> Heinrich B., Junggeselle und Filialleiter eines Supermarktes, vor vielen Jahren wegen Betruges vorbestraft, besitzt eine Eigentumswohnung in einem größeren Haus, dessen andere Bewohner er wegen seiner langen Arbeitszeiten kaum kennt. In diesem Haus häufen sich in letzter Zeit kleine und mittlere Diebstähle: ein Plattenspieler aus dem Keller, Zeitungen aus dem Hausbriefkasten, ein Portemonnaie aus einer kurz abgelegten Jacke, Blumen von den Rabatten; und immer soll Heinrich B. in der Nähe gewesen sein. Also fällt der Verdacht auf ihn, wie ihm eine Mitbewohnerin zuträgt, die diesen Verdacht nicht teilt. Heinrich B., um seinen Ruf besorgt, erscheint (erstmals) auf der nächsten Eigentümerversammlung und weist den Verdacht öffentlich und nachdrücklich zurück, indem er die Zufälligkeit seiner Anwesenheit beim Verschwinden der Gegenstände betont; zudem droht er einem der Hauptverdächtiger in einem privaten Gespräch mit Strafanzeige wegen übler Nachrede. Die Verdächtigungen verstummen.

In diesem Fall hat sich Heinrich B.'s Bedeutungsgebung gegenüber einer Mehrheit durchgesetzt.

Arbeitsaufgabe 13: Worauf führen Sie Heinrich B.'s Erfolg zurück?

Daß der Fall auch anders hätte ausgehen können, zeigt sich, wenn wir nur einige Faktoren ändern.

> Nicht Heinrich B. ist Eigentümer der Wohnung, sondern seine Tante, die ein halbes Jahr auf Mallorca verbringt und ihm für diese Zeit die Wohnung überlassen hat. Er arbeitet auch nicht als Filialleiter, sondern nur als Aushilfe in jenem Supermarkt. Er hat schon immer finanzielle Schwierigkeiten gehabt, ist auch schon einmal wegen Betrugs zu einer Haftstrafe verurteilt worden, allerdings mit Bewährung. Er wagt nicht, auf der Mieterversammlung zu sprechen, wird angezeigt, die Polizei findet Zeugen, die ihn jeweils in der Nähe des Tatortes gesehen haben, das Gericht verurteilt ihn auf Grund von Indizien trotz seines Leugnens, er muß ins Gefängnis.

Während also der Versuch, seine Handlungen als Diebstahl zu definieren und ihm das *Etikett* »Dieb« anzuhängen bei Heinrich B., dem *Filialleiter*, scheiterten, waren sie bei Heinrich B., dem *Hilfsarbeiter*, erfolgreich. Daran ist dessen geringerer sozialer Status in doppelter Weise beteiligt: er bedeutet geringere *Durchsetzungsmacht* schon im Vorfeld des offiziellen Eingriffs und legt zugleich *Kontrollinstanzen* wie Polizei und Gericht den Zugriff nahe. Solche Instanzen sind ja eigens dazu geschaffen, das Verhalten von Menschen zu kontrollieren und abweichendes Verhalten negativ zu sanktionieren (zu bestrafen). Die *Sanktionsmacht von Kontrollinstanzen* war also wesentlich daran beteiligt, daß der Hilfsarbeiter Heinrich B. als Abweicher etikettiert wurde.[17]

Wer als »Kontrollagent« in Instanzen sozialer Kontrolle arbeitet (z. B. als Polizist, Staatsanwalt, Richter, aber häufig auch als Sozialpädagoge), »weiß« natürlich, daß Hilfsarbeiter eher stehlen als Filialleiter; die Kriminalitätsstatistiken bestätigen ihnen das ja auch. Sie berücksichtigen allerdings nicht, daß sie mit der Anwendung dieses »Wissens«, also mit dem Eingreifen und Verurteilen, selber entscheidend an der Herstellung des »Materials« für diese Statistiken beteiligt sind.

Von daher kann auch auf neue, von anderen Ansätzen abweichende Weise erklärt werden, warum in allen Kriminalitäts- und Verwahrlosungsstatistiken die unteren Sozialschichten häufiger vertreten sind als obere: das liegt nach dem Definitionsansatz besonders daran, daß Kontrollagenten gemäß ihrem »Wissen« Angehörige der Unterschichten und besonders sozial Randständige (z. B. Obdachlose) genauer beobachten, eher verdächtigen, leichter überführen und früher und härter bestrafen.

Diesen Zusammenhang hat D. Peters[18] bei Strafrichtern deutlich nachweisen können. Peters macht darüber hinaus auf eine wichtige *Funktion* der schichtspezifischen Sanktionspraxis von Kontrollinstanzen aufmerksam: diese Praxis kann zur Rechtfertigung gesellschaftlicher Ungleichheit dienen. Wenn man nämlich von der Beteiligung der Kontrollinstanzen an der Entstehung der Kriminalitätsstatistiken absieht, wenn man also davon ausgeht, daß sich Unterschichtsangehörige »tatsächlich« häufiger abweichend verhalten, dann befinden sie sich zu Recht in ihrer niederen sozialen Position; und die Angehörigen von Mittel- und Oberschichten sind dann zu Recht privilegiert, weil sie sich eben konformer verhalten. Besonders den Randständigen kann nach dieser Vorstellung die *Schuld* an ihrer Lage insofern zugeschrieben werden, als sie es versäumt haben, sich in dem für eine Leistungsgesellschaft erforderlichen Maß anzustrengen; sie haben die Mühe und Entsagung nicht aufgebracht, die alle anderen auf sich nehmen mußten, und wer so leichtfertig ist, wird mit Recht bestraft. Da aber die Mühe und die Entsagung sich für Unterschichtsangehörige materiell kaum »ausgezahlt« haben, liegt es psychologisch nahe, als »Lohn« wenigstens den Ruf der Anständigkeit für sich zu beanspruchen und das dadurch zu demonstrieren, daß man mit dem Finger auf »die da« zeigt (die Fürsorgezöglinge, die Obdachlosen, die Vorbestraften) und deren strenge Bestrafung fordert.

Arbeitsaufgabe 14: Prüfen Sie (z. B. anhand von eigenen Erfahrungen oder von Zeitungsberichten), ob sich Belege für die These finden lassen, daß Angehörige unterer Sozialschichten häufigere und härtere Bestrafung für Abweichler fordern als Angehörige oberer Sozialschichten.

17 Vgl. H. S. Becker, a.a.O., S. 13–16.

18 D. Peters, Richter im Dienst der Macht. Zur gesellschaftlichen Verteilung der Kriminalität, Stuttgart 1973, bes. S. 13–15, 27–28.

Nun ließe sich sagen, daß solch eine Gefängnisstrafe zwar bitter sei, aber immerhin einen Strich unter die Vergangenheit ziehe und einen von Grund auf neuen Anfang ermögliche. Dagegen spricht aber, daß Vorbestrafte eine überaus hohe Rückfallquote aufweisen (etwa 70–80%). Woran liegt das?

> Heinrich B. ist, zunächst zur Bewährung, entlassen worden. Er bemüht sich um Arbeit, aber immer hat er Schwierigkeiten wegen der »Lücke« in seinem Lebenslauf. Zweimal hätte er eine Stelle bekommen können, als Schaustellergehilfe und in einer Werbekolonne für Zeitschriften, aber beidemale rät ihm sein Bewährungshelfer dringend ab: dort würde er nur noch weiter auf die schiefe Bahn geraten. Eine Stelle als Kraftfahrer kann er nicht annehmen, weil ihm der Führerschein wegen »charakterlicher Mängel« verweigert wird. Heinrich B. meint, »die Leute« seien schlimmer als Polizei und Gericht, seine Bestrafung habe nach seiner Entlassung aus dem Gefängnis erst richtig angefangen.

Objektiv bedeutet zunächst jede erfolgreiche negative Etikettierung durch Instanzen sozialer Kontrolle für den Etikettierten eine Beschneidung seiner sozialen Teilnahmechancen, sozialen Kontakte und materiellen Belohnungen. Das erweist sich besonders deutlich bei denjenigen, die frühzeitig und zwangsweise von der Außenwelt abgesondert und in Einrichtungen wie Fürsorgeerziehungsheime oder Jugendgefängnisse verbracht werden, die entweder gar keine oder nur eine unzureichende Ausbildung der Arbeitskraft gewährleisten können oder wollen. Wer aus solchen Einrichtungen entlassen wird, trägt nicht nur das Etikett des »Verwahrlosten« oder »Kriminellen«, das ihm die Teilnahme am allgemeinen sozialen Verkehr erschwert, sondern muß darüber hinaus mit einer drastischen Einschränkung seiner Arbeitsmarktchancen und damit seiner materiellen Versorgung rechnen. Zur Verfügung stehen nun häufig allenfalls untergeordnete, schlecht bezahlte und vorübergehende Tätigkeiten, Hilfs- oder Gelegenheitsarbeiten, die einerseits halb- oder illegitime Handlungen ermöglichen oder nahelegen, andererseits unter der besonderen Aufmerksamkeit von Instanzen sozialer Kontrolle stehen; die Tätigkeit etwa auf Jahrmarktsplätzen ist nur ein besonders deutliches Beispiel.[19] Solche Etikettierungsversuche gelingen allerdings nur, wenn sie — wie bei Heinrich B. — die Unterstützung der gesellschaftlichen Mehrheit, der *normtragenden Majorität* finden.

Arbeitsaufgabe 15: Untersuchen Sie bei den Fällen D, F, G auf S. 12–14, wo Etikettierungen vorkommen, wer Kontrollinstanzen vertritt und wer als normtragende Majorität fungiert.

Ohne die Zustimmung dieser Majorität oder gar gegen deren Willen bleiben Sanktionen von Kontrollinstanzen relativ folgenarm: wer wegen Trunkenheit am Steuer eine Freiheitsstrafe verbüßt hat, wird in der Regel problem-

19 Vgl. W. Werner, Vom Waisenhaus ins Zuchthaus, Frankfurt 1972, S. 143.

los wieder integriert. Die Bereitschaft der Majorität, die Sanktionen der Kontrollinstanzen mitzutragen und auch in der Zukunft fortzusetzen, ist also unerläßliche Voraussetzung für erfolgreiche Etikettierungen von Abweichern.

Subjektiv ist es für den Betroffenen schwer, sich selbst als konform zu verstehen und dies auch auf die Dauer durchzuhalten, wenn die Erwartungen der Umwelt anders gerichtet sind. In den Augen der Umwelt ist er mit einem *Stigma* (einem Makel)[20] behaftet, und er muß lernen, mit diesem Stigma zu leben oder gar mit ihm fertig zu werden. Das wirft für ihn eine Reihe von Problemen auf.

> Heinrich B.'s Tante hat »alles« erfahren und ihn hinausgeworfen. Er wohnt vorübergehend bei einem Freund, den er zuvor im Gefängnis kennengelernt hat. Wie kann er bei der Arbeitssuche vorgehen? Soll er »es« verschweigen oder von vornherein angeben? — Abends besucht er mit seinem Freund dessen Freundin, die »Bescheid weiß«. Soll er das Thema vermeiden? — In einer Diskothek lernt er ein Mädchen kennen. Wird das länger dauern, so daß eine Offenlegung sich »lohnt«? — Ein Nachbar will Freundschaft mit ihm schließen. Wird die Freundschaft durch Verschweigen erst möglich oder wird sie dadurch eher gefährdet?

Arbeitsaufgabe 16: Entwerfen Sie für Heinrich B. eine angemessene Verhaltensstrategie gegenüber dem Mädchen und bei der Arbeitssuche und erörtern Sie deren Konsequenzen.

Das stigmatisierte Individuum bildet im Verlauf der Interaktionen mit Normalen eine abweichende Rolle aus. Dazu können auch schwer akzeptable Verhaltensweisen gehören — beispielsweise Lügen, Lavieren, aber auch Aggressivität, extremer Rückzug im Sinne von Nicht-Reagieren, Flucht in Schein- und Traumwelten, spezifische Neurosen.

Die abweichende Rolle entspricht aber auch den Erwartungen der anderen, Erwartungen, die sich in der Interaktion selbst bestätigen können (ein Vorgang, den die Soziologie *»self-fulfilling prophecy«* nennt).

> Heinrich B. hat Arbeit gefunden. Er hat seine Vergangenheit nicht verheimlicht, er hat sie den Kollegen »eröffnet«. Diese fordern von ihm »Einstand«. Heinrich B. hat kein Geld. Entweder leiht er sich etwas (»Das kriegt der nie wieder, der Spitzbube fängt ja gut an«) oder er bittet um Aufschub bis zum nächsten Lohn (»Der ist knauserig. Meinetwegen, aber komm bloß nicht an, daß wir dir helfen sollen«). Beim Einstand trinkt Heinrich B. über den Durst (»Vorsicht, der hat sich nicht in der Gewalt«). Oder er hält sich zurück (»Der ist wohl was besseres«). Er wird aggressiv (»Seht ihr, der ist gefährlich«). Eine Geldbörse verschwindet, der Verdacht fällt auf Heinrich B., er wehrt sich heftig (»Schlechtes Gewissen«).

---

20 Vgl. E. Goffman, Stigma. Über Techniken der Bewältigung beschädigter Identität, Frankfurt 1967, bes. S. 9–16, 45–49, 94–96, 111–120.

Indem die anderen nur diejenigen Eigenschaften, Merkmale und Verhaltensweisen des Stigmatisierten wahrnehmen, die das Urteil der Abweichung bestätigen, und indem sie dieser Wahrnehmung entsprechend reagieren, wird der Betroffene zunehmend in eine abweichende Rolle hineingezwungen. Es wächst die Wahrscheinlichkeit, daß er sich jetzt Handlungsfeldern zuwendet, in denen er akzeptiert wird.

> Heinrich B. wurde bei der nächsten Auftragsflaute entlassen. Als er kein Arbeitslosengeld mehr bekam, nahm er eine Stellung als Kellner in der Bahnhofsgegend an. Hier hat er weniger Schwierigkeiten: Aggressivität gilt als Mut, Trunkenheit als Männlichkeitsbeweis. Zudem toleriert man nicht nur, man erwartet sogar, daß Heinrich B. hin und wieder einen Betrunkenen »ausnimmt«.

Damit ist er ein ideales Objekt für weitere Etikettierung. Vorstrafe, unstetige Arbeit, übel beleumdete Gegend führen nach dem in Kontrollinstanzen herrschenden Hintergrundwissen leicht zu weiteren Straftaten. Sie widmen deshalb Menschen wie Heinrich B. intensive Aufmerksamkeit und haben dabei, besonders bei erfolgreichem Zugriff, die volle Unterstützung der normtragenden Majorität: deren Hintergrundwissen steht durchaus nicht im Widerspruch zu dem der Kontrollinstanzen.[21]
Laufbahnen wie die des Heinrich B. werden auch als *abweichende Karrieren*[22] bezeichnet. Sie entstehen und werden vorangetrieben, wenn zwei Faktoren zusammentreffen: verschlechterte Lebensbedingungen und der Wunsch nach einem von anderen akzeptierten Selbstbild. Von diesen Faktoren kann der Abweicher gedrängt werden, sich auf eine Weise zu betätigen, die Kontrollinstanzen zu neuem Eingriff Anlaß gibt.

Kehren wir nun zu dem Fall Petra von S. 15f. zurück. Nachdem jetzt jene devianztheoretische Orientierung erreicht ist, die dem Mitarbeiter des Jugendamtes zunächst fehlte, können wir uns einer plausibleren Aufarbeitung des Falles zuwenden.

---

21 Dieses »Wissen« wird u. a. geschürt durch »Erfahrungen zweiter Hand« (A. Gehlen), wie sie besonders manche Presseerzeugnisse aufbereiten. Diese liefern täglich neue haarsträubende Beispiele moralischer Minderwertigkeit; und der immer wieder erweckte Schauer vor den Fehltritten und Abweichungen der anderen bestärkt wohl stetig das Gefühl nicht nur der eigenen Wohlanständigkeit, sondern auch Andersartigkeit. Die (oft geplante) Vermittlung dieses Gefühls geschieht über die Zusammenstellung stereotyper Attribute von Täter und Tat, die sich zu jenem Hintergrund-»Wissen« verdichten: Z. B. waren die Täter Ausländer, Vorbestrafte, Homosexuelle, Jugendliche mit Motorrädern, Arbeitslose, vaterlos Aufgewachsene; die Tat wurde begangen im Hafenviertel, in einem Bordell, unter Alkoholeinfluß, an Schwachen, an Unschuldigen usw.; sie war »anomal«, »abnorm«, »grausam«, »mitleidlos«, »pervers« usw. — Die latente Aufnahmebereitschaft des Publikums macht allerdings den »Erfolg« solcher Pressearbeit erst möglich; vgl. dazu Kap. 2.4.2.

22 Vgl. S. Quensel, Wie wird man kriminell? Verlaufsmodell einer fehlgeschlagenen Interaktion zwischen Delinquenten und Sanktionsinstanz; in: H. Giesecke (Hg.), Offensive Sozialpädagogik, Göttingen 1973, S. 45–55.

Arbeitsaufgabe 17: Prüfen Sie, welchen Beitrag
a) die Wert-Mittel-Diskrepanz-Theorie
b) die Theorie der unterschiedlichen Lernfelder
c) die Theorie der jugendlichen Bande
zur Aufhellung des Falles Petra liefern können.

Arbeitsaufgabe 18: Welche Prognosen für Petras weiteres Leben scheinen Ihnen vor dem Hintergrund des Definitionsansatzes möglich bzw. wahrscheinlich?

Teil II: Sozialpädagogische Handlungsperspektiven

1. Klient und Majorität

Bisher haben wir »theoretisches Werkzeug« für die Analyse von Dissoziierungsprozessen erarbeitet. »Dissoziierung« — Aussonderung, Absonderung, Ausschluß aus einer sozialen Gruppe, aus »normalen« gesellschaftlichen Beziehungen — findet immer statt zwischen einem (oder mehreren) möglichen Klienten der Sozialpädagogik bzw. einer Minorität und einer gesellschaftlichen Majorität. Minorität und Majorität bezeichnen an dieser Stelle auch ein Machtverhältnis: Die Abweichung der ersteren wird durch letztere definiert, festgestellt und gegebenenfalls mit Strafe belegt. Die Ausübung dieser »sozialen Kontrolle« geschieht teils spontan — »die anderen Kinder« im Kindergarten, die Nachbarn des Jugendzentrums, die Mitbewohner eines Hauses — durch nicht besonders legitimierte Personen; oder aber sie wird von dafür legitimierten Personen, nämlich »von Berufs wegen«, ausgeübt — der Jugendrichter, die Polizei, der Mitarbeiter des Jugendamtes usw. (s. S. 33ff.).
Für die große Mehrheit der Fälle, mit denen wir es in der Sozialpädagogik zu tun haben, können wir die Berechtigung folgender Theorie annehmen: Der Sozialpädagoge darf sich allgemein im Auftrag der normtragenden Majorität wissen, gleichgültig ob dieser Auftrag im Einzelfall ausgesprochen wird oder ob er ihn »von Berufs wegen« – ohne besonderen Anstoß – ausführt.
Vergegenwärtigen wir uns dies an einigen Fällen aus Teil I dieses Buches (S. 10ff.).

A) Im dargestellten Kindergartenfall erwartet der Einrichtungsträger und erwarten die meisten Eltern und vielleicht auch ein Teil der Kinder, daß die Erzieherin Karina die Störungen der Gruppe durch die Außenseiter beseitigt (wie auch immer: durch »Erziehen« oder eventuell auch durch Ausschluß).

B) Im Fall der Beschwerde der Nachbarn über die Vorkommnisse im Jugendzentrum wird eine »normative Koalition« zwischen Nachbarn und dem Jugendpfleger (Vertreter einer Kontrollinstanz) sichtbar.

C) Im Fall der schwangeren Frau B. läßt sich die aus Erfahrungen abgeleitete normative Wirksamkeit der Erwartungen »der anderen« erkennen. Auch hier bilden die Nachbarn die »normtragende Majorität«.

Arbeitsaufgabe 19: Falls das nicht schon in der Arbeitsaufgabe 15 geschehen ist: Stellen Sie fest, wer in den Fällen D, F, G als normtragende Majorität und wer als Kontrollagent anzusehen ist![23]

Das Verhältnis Sozialpädagoge — Klient kann sich nun in der Praxis sehr verschiedenartig gestalten, ebenso wie das Verhältnis Sozialpädagoge — Majorität. Es gehen eine Reihe von Faktoren in dieses Verhältnis ein, etwa die Haltung des Pädagogen gegenüber den Auffälligkeiten seiner Klienten, seine Verständigungsbereitschaft und -fähigkeit oder die Berücksichtigung der Interessen des Anstellungsträgers. Die Handlungsstrategien des Sozialpädagogen bestimmen sich danach, ob und inwieweit er diese Faktoren berücksichtigt oder gar beeinflußt (und berücksichtigen und beeinflussen kann). Das soll an den folgenden Fallvariationen verdeutlicht werden. Wir greifen dazu auf jene Gruppe der »Hurricans« zurück, über die wir schon in Teil I (S. 11f. und 30) eine Reihe von Informationen zusammengetragen hatten.

Fallvariation A

In dem von der Kirche getragenen »Heim der offenen Tür« der Stadt H. fungiert der 42jährige Diakon und vordem langjährig als Heimerzieher tätig gewesene Martin Petersen seit vier Monaten als kommissarischer Leiter. Die Kirche habe sich bislang vergeblich um eine geeignete Fachkraft bemüht, heißt es. Petersen sieht sich erheblichen Problemen gegenüber. Obschon er nach eigenem Bekunden »alles tun will, um den jungen Menschen sinnvolle Freizeitmöglichkeiten zu schaffen«, wird ihm dies nur von einem kleinen Teil der jugendlichen Besucher honoriert. Bei den von ihm angesetzten Gesprächsabenden — etwa zu den Themen »verheiratet und was dann?«, »Chancengleichheit, Schlagwort oder Wirklichkeit?«, »Streß und was man dagegen tun kann« — pflegt nur ein Dutzend Jugendlicher zu erscheinen, durchweg Gymnasiasten und Realschüler. Die Filmabende — »Die verlorene Ehre der Katarina Blum«, »Z«, »Die Brücke«, »Kaspar Hauser« — erleiden ein ähnliches Schicksal, obwohl die Zahl der anwesenden höheren Schüler gelegentlich bis auf vierzig anwächst. Und eine Laienspielgruppe, der anfangs auch zwei Lehrlinge angehört haben, hat sich zunächst von 12 auf 8 Mitglieder reduziert und sich dann vor Inangriffnahme des zweiten Aktes (von »Mutter Courage«) aufgelöst. Herr Petersen erklärt dies jeweils mit dem »Desinteresse, der apathischen Grundhaltung und der Reiz-

23 Der Fall der Familie Widerholt (E) soll hier vorerst ausgeklammert werden. Die hier fällige Interessenanalyse bedarf einer Reihe von Überlegungen, denen wir uns erst in der Folge zuwenden werden. (Siehe S. 51f.)

überflutung der Großstadtjugend«, etwa gegenüber einem Bewerber für die von ihm verwaltete Stelle, dem er die Einrichtung zeigt, und gegenüber dem Stadtjugendpfleger, der ihn durchaus zum Weitermachen ermutigt. Die eigentlichen Probleme haben sich aber erst seit vier Wochen, seit dem Auftauchen einer »Motorrad-Gang«, ergeben. Es handelt sich um die »Hurricans«, die stets am Freitag, zum wöchentlichen Disco-Abend, auftauchen. Herr Petersen, der seine beiden Mitarbeiter (einen ehrenamtlichen 17jährigen Jugendleiter und einen Erzieherpraktikanten im Anerkennungsjahr) seinerzeit vor der Durchführung solcher Veranstaltungen gewarnt hatte, weil »man ja nicht weiß, was man sich da ins Haus holt«, sieht seine schlimmsten Befürchtungen bestätigt. Die Hurricans mißachten offensichtlich das Alkoholverbot, und ihr Anführer »Kuddl«, ein Zweizentnermann (den sie »Präsident« nennen), pflegt sich seinen Weg notfalls auch mit Gewalt zu bahnen: Er packt etwaige Gegner links und rechts an den Schultern und versetzt ihnen einen Bauchstoß, der die Opfer gewöhnlich — jeweils begleitet vom Gejohle der Gruppe — an die gegenüberliegende Wand befördert.
Herr Petersen hat sich bisher bei den Disco-Abenden im Hintergrund gehalten und die Diskussion mit den Hurricans seinen beiden Mitarbeitern überlassen. Mit wachsendem Ärger hat er ansehen müssen, daß die Hurricans binnen drei Wochen fast alle seine sonstigen Besucher (die Schüler) vertrieben haben. Am letzten Freitag hat sich nun folgendes zugetragen: Kuddl und seine Mitstreiter sind im offenbar angetrunkenen Zustand und mit einer demonstrativ aggressiven Haltung gegen acht Uhr in das HOT gestürmt und haben sich gegenüber zwei fünfzehnjährigen Schülerinnen, die den Plattenteller bedienten, nach den Worten von Herrn Petersen »in obszöner und ehrverletzender Weise aufgeführt«. Nach seiner Aussage sei Kuddl wütend geworden, als die Mädchen sich ihrerseits verbal gewehrt hätten, und habe sie »in unflätigster Weise beschimpft«, woraufhin er sich für verpflichtet gehalten habe, einzugreifen, »um den rüden Ton zu unterbinden und überhaupt den Bestimmungen der Hausordnung Geltung zu verschaffen«. Kuddl sei »ihm über den Mund gefahren« und habe vor seinen Augen zwei Langspielplatten zerbrochen, woraufhin »die ganze Bande aus dem Häuschen geriet und ankündigte, sie würden nun den Laden auseinandernehmen«. Herr Petersen versuchte vergeblich, »an den anständigen Kern der jungen Leute« zu appellieren, die ihn vielmehr verhöhnten. Hierauf hat Herr Petersen die Polizei telefonisch herbeigerufen. Die Hurricans, die das verfolgt hatten, verließen umgehend das Haus und machten sich beim Auftauchen des ersten Polizeifahrzeuges davon. Seinen Mitarbeitern erklärte Herr Petersen sofort: »Dies war der letzte Disco-Abend. Sowas muß man sich ja wohl nicht bieten lassen!«

Fallvariation B

Der 24jährige Sozialpädagoge Klaus Warms absolviert sein Jahrespraktikum nach Beendigung des Studiums im Jugendzentrum der Stadt N. Gleich zu Beginn seiner Arbeit muß er die Vertretung des erkrankten Einrichtungsleiters übernehmen. Die weiteren Mitarbeiter sind: ein 17jähriger ehrenamtlicher Jugendgruppenleiter sowie drei auf Honorarbasis arbeitende Studenten, die Warms noch aus seiner Studienzeit kennt. Warms einigt sich schnell mit den anderen Mitarbeitern, daß man »im Angebot auf die Bedürfnisse der Jugendlichen eingehen muß«. Sie stimmen überein darin, daß die Bedürfnisse sich am deutlichsten in den Besucherzahlen niederschlagen würden. Und da das Jugendzentrum am wöchentlichen Disco-Abend stets überfüllt ist, führt man einen weiteren Abend ein. Zwar ist es jetzt mittwochs und freitags »gerammelt voll«, doch nehmen auch die Reibereien zu. Zunächst gibt es einen Konflikt zwischen einer Gruppe überwiegend arbeitsloser Jugendlicher, die als die »Hurricans« bekannt sind, und einer Gruppe von Schülern (überwiegend Gymnasiasten). Die Hurricans betrachten sowohl den Flipperautomaten als auch die beiden Tischfußballgeräte, mit denen das Jugendzentrum (im ehemaligen Kino) ausgestattet ist, als in ihrer alleinigen Verfügungsgewalt stehend. Sowie sich einer der anderen Besucher des Hauses an einem der Geräte zu schaffen machen will, vertreiben sie ihn durch entsprechende Drohungen oder auch mit Gewalt. Sie rufen dann ihren »Präsidenten Kuddl«, dessen Bauchstöße gefürchtet sind. Die Hurricans haben den Raum, in dem die Geräte stehen (es handelt sich um das frühere Foyer) gleichsam »besetzt«. Und in dieser Handlungsweise sind sie von Klaus Warms bestärkt worden. Dieser hat der Gruppe von vornherein viel Entgegenkommen gezeigt, und er genießt ihr Vertrauen. Beim Tischfußball bilden er und Kuddl ein kaum schlagbares Team. Kuddl hat ihn auch schon einmal als Sozius um den Block gefahren. Ein anderes Gruppenmitglied äußerte kürzlich: »Klaussi fehlt nur noch der Anzug, dann könnte er bei uns mitgehn!« Tatsächlich haben die Mitglieder der »gang« keine Scheu, sich vor Klaus Warms zu offenbaren. Als man sich neulich in seiner Gegenwart die Geschichte erzählte, wie »Kuddl die Bullen gelinkt hat«, hat Warms herzlich in das allgemeine Gelächter eingestimmt. Allerdings hat er auch etwas von »ziemliches Risiko« gemurmelt, was aber von der Gruppe eher als Bestätigung aufgefaßt wurde. Die Gruppe der Schüler hat sich indessen — teils auch unterstützt durch den ehrenamtlichen Jugendgruppenleiter — nicht entmutigen lassen und begehrt ihrerseits Zugang zu Flipperautomaten und Tischfußballgeräten. Am letzten Freitag ist es zur Konfrontation gekommen, wobei Klaus Warms und seine drei studentischen Mitarbeiter sich mehr oder weniger deutlich auf die Seite der Rocker gestellt haben. Klaus Warms erklärte den Schülern wörtlich: »Ihr könnt doch Dienstag oder Donnerstag zum Flippern und Fußballspielen kommen. Heute haben die Hurricans nun gerade ihr Turnier. Vielleicht können wir später weitersehen.« Mit dieser vagen Formel wollten sich die Schüler nicht zufriedengeben. Und nachdem Kuddl die Drohung ausgesprochen hatte »zieht Leine Jungs, sonst gibts was auf die Glokke!«, kam es zu einem Gerangel. Klaus Warms und seine Mitarbeiter bewältigten die Situation dadurch, daß sie den Streitenden nahelegten, sich draußen zu prügeln, was auch geschah. Wenngleich sich nicht mehr als ein Dutzend Jugendliche an der Schlägerei beteiligten, kam es doch zu einem erheblichen Auflauf, da die meisten anderen der Sache beiwohnen wollten. Der Krach war groß, zumal einige Hurricans es sich nicht nehmen ließen, ihre Motorräder in Gang zu setzen und die Szene langsam zu umkreisen. Hierbei ließen sie die Maschinen ohrenbetäubend aufbrausen. Der Situation wurde durch ein in der Ferne auftauchendes Polizeiauto ein plötzliches Ende bereitet. Die Hurricans waren verschwunden, bevor die Polizisten den Wagen verlassen hatten. (Übrigens meinte später einer der Mitarbeiter, es sei Klaus Warms gewesen, dessen Ruf »Achtung, die Bullen!« die Betroffenen zuerst gewarnt habe.) Es stellte sich heraus, daß die Polizei von den Nachbarn alarmiert worden war, denselben, die sich in den vergangenen Wochen bereits zweimal beim Jugendamt über die »unhaltbaren Zustände in der Kinderkneipe« beschwert hatten. In einem Gespräch mit Klaus Warms teilte der Stadtjugendpfleger diesem mit, daß er dessen »Praktikum in dieser Einrichtung als gefährdet« ansehe, sofern er sich nicht dazu entschließen könnte, »ein sinnvolles Freizeitangebot für *alle* Jugendlichen zu entwickeln, anstatt das Heim dadurch in Verruf zu bringen, daß die Rocker sich hier wie zu Hause fühlen!« Wenn die Nachbarn sich beschwerten, so könne er das durchaus nachempfinden; und einige Erregung war dem Stadtjugendpfleger anzumerken, als er hinzufügte: »Wir können ja doch nicht diese Typen, die die Arbeit auch nicht erfunden haben, noch unterstützen!« Und im übrigen habe auch der Jugendwohlfahrtsausschuß »eindeutig Stellung bezogen«. »Ein Jugendzentrum soll ein Freizeitangebot für die Masse der Jugendlichen bieten. Und das heißt eben: Störer gehören da raus, die machen uns unsere ganze Arbeit kaputt. Da steckt schließlich auch das Geld der Steuerzahler drin. Der damit gegebenen Verpflichtung für das Allgemeinwohl können und dürfen wir uns keinesfalls entziehen...«

Fallvariation C

Der 25jährige Sozialpädagoge Thomas Christiansen absolviert sein Jahrespraktikum nach Beendigung des Studiums im Jugendzentrum der Stadt N. Er ist einer von fünf Mitarbeitern. Neben dem Einrichtungsleiter, dem 29jährigen Sozialpädagogen Knut Kreutzmann, sind hier beschäftigt: zwei auf Honorarbasis arbeitende Studenten und ein 17jähriger Jugendgruppenleiter. Christiansen hat sich für diese Stelle beworben, weil er hier die Möglichkeit sieht, eine — wie er sagt — »gesellschaftlich wichtige Funktion wahrzunehmen«. Den studentischen Mitarbeitern erklärt er, es ginge darum, »die Randständigen aus ihrer verzweifelten Lage zu befreien«. Als »Randständige in verzweifelter Lage« sieht er eine bestimmte Besuchergruppe an, die als »Rockergang« mit dem Namen »Hurricans« bekannt ist. Tatsächlich handelt es sich überwiegend um arbeitslose Jugendliche, deren materielle Zukunft — auch aufgrund fehlender bzw. schlechter Ausbildungsqualifikationen — als ungesichert gelten muß, und die in ihren Herkunftsfamilien offenbar keinen Rückhalt finden.

Christiansen regt zunächst an, die Hurricans könnten doch einen Heimrat bilden, mit dem Ziel, »eine Art Selbstverwaltung« zu errichten. Gegenüber Kuddl, dem »Präsidenten« der Gruppe, und einigen seiner engsten Freunde äußert er sich genauer: »Ihr könnt dann selbst bestimmen, was hier gemacht wird. Zum Beispiel den Flipperraum einrichten nach eigenem Geschmack. In der Nähe 'ne Garage mieten, wo man die Motorräder selbst in Schuß halten kann...« Kuddl und die anderen zeigen sich jedoch reserviert. »Willst du sagen, meine Maschine is nich in Schuß, Alter?« meint einer. »Willst uns wohl linken«, meint ein anderer. »Hier sind doch auch noch andere. Wenn wir allein den Laden übernehmen, was is denn das für ne Demokratie!« Und Kuddl erklärt: »Solange Knut hier is, brauchen wir keinen Heimrat. Mit Knut läuft das nämlich prima. Kannst dir mal was von ihm abgucken, Alter!« Gegenüber den Studenten zeigt sich Christiansen betroffen über die »apathische Haltung dieser Leute«, die »einfach gar nicht merken, in was für einer Situation sie stecken«. Die Studenten reagieren auf die Ansprachen Christiansens allerdings auch nicht in der von ihm erhofften Weise. Sie raten ihm, er solle »doch mal was mit ihnen tun, anstatt so viel zu reden«.

In der nächsten Zeit wachsen Christiansens Probleme sowohl mit den Jugendlichen als auch mit den Mitarbeitern. Das folgende Begebnis ruft dann schließlich auch den Einrichtungsleiter auf den Plan: Das im Jugendzentrum geltende Alkoholverbot wird allgemein — wenn auch mehr schlecht als recht — respektiert. Jugendliche, die mit einer Flasche hier erscheinen, müssen die Flasche abgeben; diejenigen, die in offenbar angetrunkenem Zustand kommen, werden gleich vor die Tür gesetzt. Im Grenzfall wird dies vom Einrichtungsleiter selbst erledigt. Die Jugendlichen folgen seinen Aufforderungen gewöhnlich widerstandslos, da er als äußerst kräftig und nicht eben zimperlich bekannt ist. An einem der Disco-Abende stürmen nun die Hurricans (gerade während einer kurzen Abwesenheit des Leiters), lärmend ins Haus, wobei einer von ihnen triumphierend eine Rumflasche über seinem Kopf schwingt. Der Betroffene ist ebenso wie einige seiner Freunde nicht mehr ganz Herr seiner Sinne. Sie schwanken beträchtlich und kontrollieren anscheinend die Lautstärke ihrer Stimmen nur noch unzureichend; teils lallen sie. Thomas Christiansen hat für den Augenblick die Verantwortung für das, was im Hause geschieht. Er fordert den Flaschenbesitzer und seine Freunde auf, sich mit ihm hinzusetzen, hier müsse »man sich mal über einige grundsätzliche Dinge klar werden«. »Mann«, wird er von dem Jugendlichen mit der Flasche unterbrochen, »willst dir auch einen knallen? Komm, ich geb dir'n Schluck ab!« Er hält Christiansen die Flasche hin. Als dieser die Flasche nehmen will, fügt der andere hinzu: »Mann, aber mach dir nichts draus, daß der Sprit geklaut is!« Christiansen nimmt die Flasche und stellt sie unter lautem Gemurre der Umstehenden neben sich auf den Boden. Dann wendet er sich an die Umstehenden: »Das ist doch Quatsch. Das führt doch zu nichts. Durch das Gesaufe wird eure Lage nicht besser. Und wenn ihr auch noch klaut, dann seid ihr bald im Knast.« »War ich schon! Na und?« wirft einer dazwischen. »Ich will euch was sagen«, fährt Christiansen — mühsam gegen den Lärm ankämpfend — fort, »ihr habt doch nur geklaut, weil ihr die letzten in diesem System seid, die, die die Hunde beißen. Weil man euch geschlagen hat, habt ihr zurückgeschlagen.« »Eh Mann, was hat denn mein Alter mit der Sache zu tun?!« ruft einer. Christiansen beschwichtigt: »Nein, nein, dein Alter kann doch auch nichts dafür. Warum meinst du, daß der so beschissen dran ist? Der hat doch nie richtig verdient, und warum nicht?!« »Der hat sich auch dauernd ein' geknallt. Der is doch nie ganz da ...« Christiansen unterbricht ihn: »Und warum säuft einer so?« Triumphierend: »Weil, wenn er nichts richtiges gelernt hat, also keinen vernünftigen Beruf gelernt hat, sowieso weniger Geld ...« Nun wird er seinerseits unterbrochen: »Eh Mann, spar dir dein Gelaber, und gib endlich den Schnaps zurück!« Christiansen hält die Flasche in der rechten Hand. »Moment!« Er will etwas sagen. Da bekommt er einen Stoß in den Rücken und liegt im nächsten Augenblick mit dem Oberkörper auf dem Tisch. Die Flasche hat man ihm entwunden. Am gleichen Abend wird die Polizei alarmiert wegen »öffentlicher Ruhestörung durch die Besucher der Kinderkneipe«. Und Knut Kreutzmann legt Thomas Christiansen nahe, sich eine neue Praktikumstelle zu besorgen.

In allen drei Fallvariationen läßt sich ein Interessenwiderspruch feststellen zwischen Klienten und einer (oft durch Kontrollinstanzen vertretenen oder bestärkten) Majorität, ein Widerspruch, durch den ja gewöhnlich Dissoziierungsvorgänge gekennzeichnet sind (vgl. I, S. 35f.) und in dem sich der Sozialpädagoge zurechtzufinden hat:

Klient ←————————→ Majorität/Kontrollinstanz

Sozialpädagoge

Dabei kann er grundsätzlich drei Positionen einnehmen:

a) Er schlägt sich auf die Seite der Majorität/Kontrollinstanz:

Klient ◄——————————————► Majorität/Kontrollinstanz
+ Sozialpädagoge

b) Er stellt sich auf die Seite des (der) Klienten:

Klient ◄——————————————► Majorität/Kontrollinstanz
+ Sozialpädagoge

c) Er versucht, zwischen den beiden beteiligten Parteien zu vermitteln:

Klient ◄——— Sozialpädagoge ———► Majorität/Kontrollinstanz

2. Handlungsbestimmende Faktoren

Wenden wir uns nun einer eingehenderen Analyse der Fälle zu. Folgende Fragenkomplexe scheinen uns wichtig zu sein.

a) Welche Absichten verfolgen die beteiligten Pädagogen, und was ereichen sie?
b) Wie verhält sich der Pädagoge gegenüber den Interessen der Majorität bzw. des Einrichtungsträgers und wie gegenüber den Bedürfnissen der Klienten?
c) Welches Verhältnis besteht zwischen Pädagogen und Klienten
— in Hinblick auf die emotionale Verständigung?
— in Hinblick auf die inhaltliche Verständigung?
d) Welche normative Haltung nimmt der Pädagoge gegenüber »Auffälligkeiten« seiner Klienten ein? Wie reagiert er?
e) Welche Rolle spielen hierbei jeweils Herkunft, Sozialisation und Gesellschaftsbild des Pädagogen?

Wir wollen die Komplexe a)–d) jeweils gesondert diskutieren, während wir den Aspekt von Herkunft, Sozialisation und Gesellschaftsbild des Pädagogen (e) in die Behandlung der anderen Aspekte einbeziehen, wo es sich jeweils anbietet. Dies Vorgehen scheint uns zum Verständnis unerläßlich, obwohl natürlich alle Fragenkomplexe eng miteinander verbunden sind. Dieser Tatsache wollen wir dadurch versuchen gerecht zu werden, daß wir abschließend exemplarisch eine Lösungsstrategie vorschlagen werden, die alle positiven und negativen Merkmale der verschiedenen Positionen berücksichtigt.

2.1. Absichten und Wirkungen des pädagogischen Handelns

Intention und Funktion eines Handelns können auseinanderklaffen, Absicht und Erfolg brauchen sich also nicht zu decken. Ein Beispiel soll das verdeutlichen: Ein Vater pflegt seinen zehnjährigen Sohn für grobe Missetaten mit Ohrfeigen zu bestrafen und muß erleben, daß der Knabe aggressiver wird und seine Missetaten zu- statt abnehmen. Obwohl es also die subjektive Absicht (die Intention) des Vaters war, seinen Sohn zu bessern, hat seine Strafpraxis die objektive Folge (die Funktion), daß das unerwünschte Verhalten des Sohnes nicht nur nicht schwindet, sondern sich sogar häuft. Es kann aber auch sein, daß der beabsichtigte Erfolg sich zwar einstellt, aber von unbeabsichtigten Nebenfolgen begleitet wird. So mag es geschehen, daß der Knabe wohl seine Missetaten reduziert, aber angesichts der väterlichen Übermacht Verhaltensweisen des Lügens, Betrügens und Täuschens entwickelt, die der Vater dann als »schlechten Charakter« wahrnimmt.

Arbeitsaufgabe 20: Nennen Sie Beispiele aus der Sozialpädagogik, in denen sich Intention und Funktion des Handelns nicht decken.

Dieses Auseinanderklaffen von Intention und Funktion ist nicht selten, auch und besonders in der Pädagogik. Es entsteht wahrscheinlich dadurch, daß wir häufig zum Handeln gezwungen sind, bevor wir noch alle auf die Situation einwirkenden Faktoren kennen.

Arbeitsaufgabe 21: Nennen Sie Beispiele dafür, daß ein Erzieher sich ohne zureichende Kenntnis der Wirkungsfaktoren zum Handeln gezwungen sieht.

Es scheint einleuchtend, daß ein einfaches Vorhalten der Folgen, gar in der Form eines Vorwurfs, häufig nicht nur ungerecht, sondern auch insofern ungeschickt ist, als es eine Beeinflussung des Handelnden erschwert. Hätte man etwa die Absicht, die Sanktionspraxis unseres rabiaten Vaters zu verändern und machte man ihm dabei den Vorwurf, er trage selbst die Schuld am Verhalten seines Sohnes, so würde man ihm die gute Absicht bestreiten und ihn damit sicherlich weiterer Beeinflussung nicht eben zugänglicher machen.

2.1.1. Fallanalysen[24]

Fallvariation A:
Offenkundig ist, daß der Diakon mit seiner Absicht, »jungen Menschen sinnvolle Freizeitmöglichkeiten zu schaffen«, scheitert. Zunächst ist fest-

24 Hier und in den späteren Analysen treffen wir auf die Schwierigkeit, daß wir nicht für jede begründete Vermutung hinreichendes Belegmaterial zur Hand haben; wir begegnen ihr dadurch, daß wir unsere Analyse ausdrücklich als hypothetisch verstehen. (Grundsätzlich gilt ja, daß die Wirklichkeit mehr Informationen hergibt als ihre — hier noch knapp gehaltene — teilweise schriftliche Abbildung. In der Wirklichkeit kann man die Hypothesen — Vermutungen — auch durch zusätzliche Informationen bestätigen, widerlegen oder korrigieren. Wir können hier nur das Analysieren »üben«.)

Diakon Petersen (42)

zustellen, daß die Zielsetzung insofern vage und auch nicht erfolgsträchtig ist, als die Adressatengruppe unbestimmt blieb.
Petersen »verfehlt« mit seinem Angebot viele mögliche Adressaten, was heißt, er geht nicht auf ihre Bedürfnisse ein. Oder anders: sein Angebot entspricht seinen eigenen Bedürfnissen und eventuell dem eines Teils der höheren Schüler. Der Konfliktverlauf mit den Hurricans zeigt auch, daß er jene Schüler als Adressaten seiner Arbeit bevorzugt, die Rocker jedenfalls ablehnt. Die Absicht, »*den* jungen Menschen sinnvolle Freizeitmöglichkeiten zu schaffen«, entpuppt sich als die (wohl unbewußte) Hoffnung, mit »seinesgleichen« zu »arbeiten«.
Weit entfernt ist er damit von der in diesem Buch vertretenen sozialpädagogischen Zielvorstellung der Verhinderung oder Eindämmung von Dissoziierungsprozessen. Sein pädagogisches Handeln läuft eher auf das Gegenteil hinaus. Schon die Nichteinbeziehung der randständigen oder auffälligen Jugendlichen in das pädagogische Konzept wird deren Randständigkeit verstärken, im vorliegenden Fall wird der Dissoziierungsprozeß noch beschleunigt, indem etwa die Polizei herangezogen und damit spätere Einflußnahmen pädagogischer Art so gut wie ausgeschlossen werden.
Aus Petersens Angebot wie aus seinem Verhalten im Konflikt mit den Hurricans ist schließlich auch einiges über die inhaltliche Orientierung seiner pädagogischen Absichten zu entnehmen. Zusammenfassend läßt sie sich etwa folgendermaßen charakterisieren: Er möchte mit seinen pädagogischen Bemühungen erreichen, daß aus den Jugendlichen in *seinem* Sinne »gebildete« und womöglich auch »kritische« Menschen werden, die »gewisse minimale Anstandsregeln« zu respektieren imstande sind (siehe Konflikt der Rocker mit den Mädchen). Daß seine Bemühungen fehlschlagen, wurde gesagt. Wir werden die Frage nach der Ursache des Scheiterns noch unter verschiedenen Aspekten untersuchen.

Fallvariation B:
Der Fall vermittelt den Eindruck, daß der Sozialpädagoge Klaus Warms sich bei seiner Forderung, »im Angebot auf die Bedürfnisse der Jugendlichen einzugehen«, eher von einem methodischen Grundsatz als von einer ausdrücklichen Zielvorstellung leiten läßt.
Eine pädagogische Zielvorstellung oder Absicht ist ja allgemein dadurch gekennzeichnet, daß der Pädagoge bei den ihm anvertrauten Kindern (Jugendlichen, Erwachsenen) eine Veränderung zu bewirken trachtet, und zwar meistens im Sinne des Erwerbs von Fertigkeiten — zum Beispiel von Lesen, Schreiben, Rechnen, von höflichem Umgang oder Konfliktbewältigung, ohne Schaden zu nehmen.
Der Betonung der Klientenbedürfnisse *kann* jedoch auch eine bestimmte pädagogische Absicht zugrundeliegen. Und tatsächlich weist einiges darauf hin, daß Warms durchaus noch mehr will. Denn andernfalls wäre es unerklärlich, daß er unter der großen Gruppe der Jugendlichen, die während der Disco-Abende das Jugendzentrum füllen, gerade den Rockern seine

Aufmerksamkeit, sein Vertrauen und seinen Schutz zuteil werden läßt, hingegen die Gruppe der höheren Schüler eher vernachlässigt. Obwohl wir nicht wissen, wie er sein Verhalten begründen würde, scheint die Annahme zulässig, daß Klaus Warms benachteiligte, randständige oder auffällige Jugendliche als wichtigsten Adressatenkreis der Jugendarbeit bestimmt. — Und hierin befände er sich mit unserer Zielvorstellung der Verhinderung oder Eindämmung von Dissoziierungsprozessen ansatzweise im Einklang. —

Warms geht auf die Bedürfnisse der Hurricans ein, bemüht sich (erfolgreich) um ein Vertrauensverhältnis mit ihnen, will offenbar, daß sie sich hier wohlfühlen und das Jugendzentrum als eine Art »Freiraum« erleben. Und er will sie nicht den Sanktionen der Majorität bzw. der Kontrollinstanzen aussetzen — denn er warnt sie (wenn die entsprechende Mitteilung zutrifft[25]) vor dem Eintreffen der Polizei. Wenn es aber seine Absicht ist, die benachteiligten, auffälligen oder gefährdeten Jugendlichen vor den Kontrollinstanzen zu schützen, dann steht — so müssen wir feststellen — dieser Absicht allerdings die Wirkung entgegen: In Verfolg seiner Absicht gerät er nämlich selbst in eine gefährdete Lage, die ihn außerstande setzt, weiterhin etwas für die Hurricans zu tun. Der gekündigte Klaus Warms nützt ihnen nicht.

> *Arbeitsaufgabe 22:* Bestimmen Sie die in Fallvariation C sichtbar werdenden Absichten und Wirkungen des Sozialpädagogen Thomas Christiansen.

2.2. Klientenbedürfnisse und Majoritätsinteressen

Wir hatten schon oben darauf hingewiesen (S. 48), daß der Pädagoge an vorhandene Bedürfnisse anzuknüpfen habe. Nichts anderes meint ja auch die in der sozialen Arbeit alte Forderung, man solle »dort beginnen, wo der Klient steht«[26]. Diese Forderung war zunächst methodisch begründet: mit ihr soll verhindert werden, daß Erzieher und Zögling, Sozialpädagoge und

---

25 An dieser Stelle ist es angemessen, sich über die Wirkung von Gerüchten klar zu werden. Womöglich ist die Mitteilung falsch. Klaus Warms wird damit in ein »falsches Licht gesetzt«, er wird stigmatisiert und diskreditiert. Allerdings steht die Mitteilung nicht in Widerspruch zu seinem früheren Verhalten, als er einen Konflikt der Rocker mit der Polizei sehr »zahm« kommentierte und den Eindruck vermittelte, auch hier auf seiten der Jugendlichen zu stehen. Es kommt in diesem Zusammenhang darauf an zu sehen, daß Warms Diskreditierbarkeit (seine Gefährdung als kündbarer Mitarbeiter) nicht von ungefähr kommt, sondern u. a. in der Nichtberücksichtigung bestimmter Faktoren (z. B. Majoritätsinteressen) gründet, auf die wir dann im nächsten Abschnitt eingehen.

26 z. B. Ruth Bang, Psychologische und methodische Grundlagen der Einzelfallhilfe, Wiesbaden 1958, S. 142.

Klient »aneinander vorbeireden«, daß der Pädagoge von Voraussetzungen ausgeht, die beim Adressaten (noch) nicht gegeben sind.
Die Forderung ist über ihre methodische Plausibilität hinaus aber auch vor dem Hintergrund bestimmter pädagogischer Zielvorstellungen unerläßlich. Wenn und soweit nämlich der Pädagoge Hilfestellung leisten will bei der Herausbildung von Fähigkeiten zur selbständigen Existenzbewältigung seiner Adressaten, ist er gehalten, deren manifeste Bedürfnisse schon zu Beginn eines pädagogischen Verhältnisses auch dann ernst zu nehmen, wenn er diese Bedürfnisse nicht billigt. Tut er das nicht, verwirft er also die Bedürfnisse, so trägt er zur Verfestigung von Unselbständigkeit bei.
Die Forderung, daß der Pädagoge an Klientenbedürfnisse anzuknüpfen habe, erscheint also gerechtfertigt. Sie ist immer dann unproblematisch, wenn die Bedürfnisse des Adressaten und die Interessen des Pädagogen übereinstimmen. Will etwa jemand Englisch lernen oder Ratschläge für die Erziehung seiner Kinder einholen und sich dabei der Hilfe eines Pädagogen bedienen, so kann man grundsätzlich von dieser Übereinstimmung ausgehen; Meinungsverschiedenheiten werden dann allenfalls über Zwischenziele, über die Geschwindigkeit des Vorgehens oder über die anzuwendenden Methoden auftreten.
Nun lassen sich zwar solche Übereinstimmungen von Adressatenbedürfnissen und Pädagogeninteressen durchaus in manchen Erziehungsfeldern feststellen (man denke etwa an die Erwachsenenbildung), sie sind aber für die Sozialpädagogik nicht eben typisch. Gerade der von Dissoziierungsprozessen schon Betroffene, so hatten wir in Teil I (S. 36) gesagt, bildet im Verlauf der Interaktionen mit »Normalen« eine abweichende Rolle aus, zu der auch schwer akzeptable Verhaltensweisen gehören können, die der Befriedigung ebenso schwer akzeptabler Bedürfnisse dienen. Eine obdachlose Mutter von acht Kindern, die sich ein neuntes wünscht, weil sie »Babies so gern hat«, wird mit diesem manifesten Bedürfnis auf wenig Gegenliebe beim Sozialpädagogen stoßen. Er mag das Bedürfnis zwar verstehen, er wird es aber kaum billigen.
Das Verhältnis von Klientenbedürfnissen und Sozialpädagogeninteressen wird nun dadurch noch komplexer, daß es — obwohl es bisher so scheinen mochte — durchaus nicht nur durch Klient und Sozialpädagoge bestimmt wird. Beide sind in der Festlegung und Artikulation keineswegs frei. Denn ebenso wie der Klient seine (abweichende) Rolle in Auseinandersetzung mit einer Majorität entwickelt hatte, ist der Sozialpädagoge durch Herkunft, Ausbildung und sozialen Status einer Majorität verpflichtet; und dies nicht nur über seine Einstellungen und Überzeugungen, sondern auch ganz handfest dadurch, daß die Majorität ihn bezahlt und deshalb bestimmte Erwartungen ihm gegenüber hegt.
Die Berücksichtigung der Majoritätsinteressen liegt dem Sozialpädagogen noch aus einem weiteren Grund nahe. Wenn er seinen Klienten vor weiterer Dissoziierung schützen, eine abweichende Karriere verhindern will, so muß er wissen, daß er dies kaum gegen den Willen der Majorität erreichen

kann. Er muß etwa jenem manifesten Bedürfnis seiner Klientin nach einem neunten Kind ihr »objektives« oder »eigentliches« Interesse entgegenhalten, nämlich Mutter und Kind nicht weiterer Dissoziierung anheimfallen zu lassen. Der Sozialpädagoge ist damit insofern dem Anwalt vergleichbar, als er wie dieser zwar völlig auf seiten seines Klienten stehen muß, ihn aber nicht bei solchen Handlungen unterstützen darf, die von schweren gesellschaftlichen Sanktionen bedroht sind.[27]

Wir sind bisher davon ausgegangen, daß die Interessen der Majorität mit denen des Sozialpädagogen und der Einrichtung, in der er arbeitet, übereinklingen. Daß das zwar häufig, aber nicht notwendig der Fall ist, belegt jene Familie Widerholt (vgl. I, S. 12f.), die sich in Ratenzahlungsschwierigkeiten befand. Wie sieht hier die Interessenkonstellation aus?

Auf den ersten Blick scheint die Analyse einfach. Die Widerholts wollen aus ihrer mißlichen finanziellen Lage heraus. Sie befinden sich mit diesem Wunsch in Übereinstimmung mit dem Bundessozialhilfegesetz (BSHG), das Frau Klamurat, der Familienfürsorgerin, sowohl die materiellen Mittel (»Hilfe in besonderen Lebenslagen«) als auch die pädagogischen Zielvorstellungen (»Hilfe zur Selbsthilfe«) an die Hand gibt. Die »Analyse auf den ersten Blick« ist damit beendet und sie befriedigt jedenfalls dann, wenn man unterstellt, daß der Auftrag des BSHG Ausdruck von Majoritätsinteressen ist.

Aber schon hier ist ein zweiter Blick unumgänglich. Denn die Identität zwischen gesetzlich fixiertem sozialpädagogischem Auftrag und Interessen der Majorität ist zunächst nur eine Unterstellung. Uns scheint es fraglich, ob die gegenwärtigen Sozialhilfeleistungen die Zustimmung einer normtragenden Majorität finden würden, wenngleich sie offenbar die Zustimmung der norm*setzenden* Minderheit erhalten haben (sonst wären sie eben nicht Gesetz). Wie ist das zu erklären? Unsere Gesellschaft verspricht allen gleiche Chancen und verteilt dennoch ihre Privilegien ungleich. Die privilegierte Minderheit kann aber diesen Zustand nur aufrechterhalten, wenn die normtragende Mehrheit ihn möglichst aktiv mitträgt, zumindest aber toleriert. Dazu muß verhindert werden, daß die Mehrheit sich selbst bedroht fühlt. Sie fühlt sich bedroht, wenn allzu viele derart unterprivilegiert werden, daß sie gleichsam aus dem sozialen System herausfallen. Die Funktion des BSHG scheint es zu sein, der Mehrheit solche Ängste zu nehmen.[28]

Diese Erkenntnis ist für den Sozialpädagogen in doppelter Weise bedenkenswert, denn sie kann ihm sowohl bei der (sozial-)politischen Einschätzung als auch bei der Abwägung möglicher Folgen seines Handelns helfen: Frau Klamurat müßte mit der Diskreditierungsbereitschaft einer Majorität rechnen, die der Sozialhilfegewährung nicht zustimmt. Denn vom Verhalten dieser Majorität hängt die Wirksamkeit sowohl der negativen wie der positi-

---

27 Je mehr freilich der Anwalt mit den »Untaten« seiner Klienten identifiziert wird, desto mehr verändert sich auch seine traditionelle Rolle. Wie es scheint, muß er neuerdings seine Parteinahme für den Klienten bisweilen eigens rechtfertigen.

28 Es muß an dieser Stelle noch einmal auf den Unterschied von Intention und Funktion verwiesen werden. Die behauptete Funktion des Sozialhilferechts kann auch dann zutreffend sein, wenn die an der Gesetzgebung Beteiligten ganz andere Intentionen (etwa karitative) damit verfolgt haben.

ven Sanktionen von Instanzen ab: ebenso wie diese Majorität der negativen Sanktion von »Trunkenheit am Steuer« ihre Unterstützung versagen und damit für den Betroffenen relativ folgenarm lassen kann (vgl. I, S. 35f.), kann sie die positive Sanktion »Sozialhilfe« zum Stigma verkehren. Und noch ein dritter Blick auf das Problem der Familie Widerholt ist nötig. Die Mitarbeiterin des Sozialamts steht zwischen drei verschiedenen Forderungen, die schwer miteinander zu vereinbaren sind: sie soll kraft Auftrag dem Anspruch ihrer Klienten auf Sicherung ihrer Existenz (durch Sozialhilfe) nachkommen, sie soll — gleichermaßen kraft Auftrag — das Interesse der normtragenden Majorität an legaler und sparsamer Verwendung von Steuermitteln wahrnehmen, und sie ist schließlich mit den (wohl legalen, sicher aber nicht legitimen) Forderungen jener Firmen konfrontiert, die so bedenkenlos mit den Widerholts Ratenverträge abgeschlossen haben. Angesichts dieser Lage hat die Sozialamtsmitarbeiterin folgende Möglichkeiten:

a) Sie kann ausschließlich das Wohl der Familie Widerholt verfolgen und sie durch Sozialhilfe in die Lage versetzen, die Ratenverträge zu erfüllen; damit würde sie zwar die Firmen zufriedenstellen, aber in den Augen der Majorität Steuergelder mißbräuchlich verwenden.
b) Sie kann sich auf die Seite der Majorität schlagen, also wegen der verschiedenen Nebeneinkünfte der Familie die Sozialhilfe kürzen; die Firmen werden wahrscheinlich ihre Möbel abholen, was die Familie Widerholt in neuerliche Probleme stürzen kann.
c) Sie kann einen Kompromiß anstreben, etwa derart, daß sie sich im Sinne einer Teilerfüllung der Verträge (z. B. durch Abfindung) um eine Einigung mit den Firmen bemüht.

Wir wollen abschließend festhalten, daß die Majoritätsinteressen nicht immer deutlich auszumachen sind und in sich widersprüchlich sein können.

2.2.1. Fallanalysen

Fallvariation A:

Herr Petersen hat es mit zwei Gruppen von möglichen Klienten zu tun, die sich deutlich voneinander unterscheiden — auch in ihren Bedürfnissen. Aber nur einer der beiden Gruppen, nämlich den Schülern, widmet er seine pädagogischen Bemühungen. Gegenüber den Hurricans hegt er dagegen nur die Vermutung, daß sie Schwierigkeiten bringen könnten (»Man weiß ja nicht, was man sich da ins Haus holt«); jedenfalls sind sie nicht *seine* Klienten.

Die Entscheidung Petersens für die Schüler läßt sich natürlich nicht in Einklang bringen mit unserer Forderung, der Sozialpädagoge habe vor allem Dissoziierungsprozesse zu verhindern, denn nicht die Schüler, sondern die Rocker sind von solchen Prozessen vor allem bedroht. Zugleich bewirkt seine Entscheidung, daß mögliche Bedürfnisse der Hurricans für ihn entweder ohne Belang oder — denkt man an den Vorfall mit den beiden Mädchen — als unverständlich oder gar unanständig zurückzuweisen sind. Petersen nimmt also die Bedürfnisse der Hurricans nicht wahr oder lehnt sie gar ab. Er begibt sich damit von vornherein der Möglichkeit, ein pädagogi-

sches Verhältnis herzustellen, in das beide Seiten (Sozialpädagoge und Klienten) Ernstzunehmendes einzubringen haben.
Im Prinzip nicht anders stellt sich Petersens Verhältnis zu den Bedürfnissen der Schüler dar, denen er sich doch zuwenden will. Zwar scheint er diesen Bedürfnissen nicht so fern zu stehen wie denen der Hurricans — die zeitweise größere Zahl von Interessenten an seinen Angeboten steht dafür —, aber ein erfolgreiches Anknüpfen an Klientenbedürfnisse gelingt ihm auch auf der methodischen Ebene nicht. Seine Vorstellungen von einer »sinnvollen« Freizeitgestaltung sind offenbar den Schülern so fremd, daß ihr teils vorhandenes Interesse bald schwindet.
»Erfolgreicher« ist Herr Petersen dagegen bei der Berücksichtigung von Majoritätsinteressen, wo immer sich diese artikulieren oder auch nur vermutet werden können. Er unterstützt die Schülermehrheit gegen die Rockerminderheit und befindet sich dabei in Übereinstimmung nicht nur mit dem Stadtjugendpfleger, der die kommunalen Gremien vertritt und ihn zum »Weitermachen« ermutigt, sondern wohl auch mit den Anliegern des Jugendzentrums, die eher seine Meinung teilen werden, »daß man sich sowas ja wohl nicht bieten lassen muß«. Und schließlich betrachtet Petersen offenbar auch die Polizei, indem er sie ohne Zögern selbst herbeiruft, als selbstverständlichen Verbündeten. Konflikte mit Majoritäten, so darf man folgern, wird Herr Petersen kaum auszutragen haben.

Fallvariation C:
Der Praktikant Thomas Christiansen, hat zwar — anders als Herr Petersen — die Hurricans als seine Klienten definiert, ihm gelingt es aber ebensowenig wie diesem, vorhandene Bedürfnisse zu erkennen bzw. an sie anzuknüpfen. Er verwirft die manifesten Bedürfnisse der Hurricans zugunsten von ihm erkannter »objektiver« oder »eigentlicher« Interessen. Das zeigt die Auseinandersetzung um die gestohlene Schnapsflasche (»ihr habt doch nur geklaut, weil ihr die Letzten in diesem System seid«) ebenso deutlich wie der Selbstverwaltungsvorschlag (»Ihr könnt dann selbst bestimmen, was hier gemacht wird«). Diese Analyse und dieser Vorschlag gehen offenbar an allen Erfahrungen und den daraus gewonnenen Einstellungen (man sagt auch: an der »Lebenswelt«) der Hurricans vorbei. Dabei ist es an dieser Stelle zunächst ganz unerheblich, ob und inwieweit Christiansen mit seiner Analyse recht hat (wir meinen, daß er jedenfalls nicht unrecht hat). Indem er mit seinen Attacken Erkenntnisse vorwegnehmen will, die vielleicht das Ergebnis eines längeren pädagogischen Prozesses sein könnten, hat er sich Anknüpfungsmöglichkeiten geradezu verbaut. Seine im Grunde wichtigen Einsichten bleiben folgenlos, seine Absichten bleiben Absichten, und sein Vorgehen kann noch die Erfolgschancen seines Nachfolgers mindern, der möglicherweise bei gleichen Zielen andere Handlungsstrategien einschlagen will.
Denn Christiansen ist ja nicht nur pädagogisch gescheitert, sondern auch dadurch, daß er Majoritätsinteressen gänzlich unberücksichtigt ließ, wohl

weil (jedenfalls momentan) die Majorität ja das System trage, das für die Misere seiner Klienten verantwortlich sei. Er vergaß also, daß die Vertreter der Majorität (Einrichtungsträger, Anwohner, Polizei) den Rahmen für sein pädagogisches Handeln setzen — gleichgültig, ob er das billigt oder nicht.

> *Arbeitsaufgabe 23:* Wie verhält sich Klaus Warms (Fallvariation B) gegenüber den Interessen der Majorität bzw. des Einrichtungsträgers und wie gegenüber den Bedürfnissen der Klienten?

2.3. Inhaltliche und emotionale Verständigung

Um die inhaltliche und emotionale Verständigung zwischen Sozialpädagogen und Klienten zu analysieren, wollen wir uns der Kommunikationstheorie von Paul Watzlawick u. a.[29] bedienen. Bedienen heißt hier (wie auch an anderen Stellen dieses Buches), daß wir uns auf diejenigen Aspekte der Theorie konzentrieren, die für unsere sozialpädagogischen Absichten besonders bedeutsam sind.

Nach Watzlawick ist jede Interaktion, also jedes aufeinander bezogene Handeln von Menschen, Kommunikation. Denn jede Verhaltensweise in einer Interaktion bedeutet für den oder die anderen eine mehr oder minder eindeutige Nachricht, unabhängig davon, ob diese Nachricht absichtlich oder unabsichtlich ausgesandt wird. So teilt z. B. noch das Kind, das im Kindergarten auf keine Aufforderung zum Mitmachen auch nur reagiert, den anderen etwas mit — nämlich, daß es nicht mitmachen will. Und indem die anderen dieses Nichtreagieren interpretieren und ihrerseits darauf reagieren (oder scheinbar nicht reagieren), haben auch sie Teil an der Kommunikation. In diesem Sinn kann man nicht *nicht* kommunizieren.

Jede Kommunikation weist nun nach Watzlawick bestimmte Eigenschaften auf, die auch Quelle für bestimmte Kommunikationsstörungen sein können. Drei dieser Eigenschaften sind für unseren Zusammenhang besonders wichtig.

1. Jede Kommunikation hat einen *Inhalts-* und einen *Beziehungsaspekt.* Der Heimerzieher, der zu einem 16jährigen Jugendlichen sagt: »Ich glaube, Du hast heute nacht ein Mädchen mit auf Dein Zimmer genommen.«, stellt auf der Inhaltsebene eine Tatsachenbehauptung auf. Gleichzeitig aber wird mit dieser Behauptung die Beziehung zwischen Erzieher und Zögling angesprochen und damit der Behauptung erst ihre zwischenmenschliche Bedeutung gegeben. Denn der Zusammenhang, in dem die Behauptung aufgestellt wird, der Tonfall, die Mimik und die Gestik des Erziehers können ebenso erkennen lassen, daß er den Jugendlichen als einen »normalen« Regelbrecher ansieht, wie auch, daß er ihn für verwahrlost hält oder für einen

---

29 Menschliche Kommunikation, Bern 1972

Teufelskerl, den man eher bewundern muß. Und der Jugendliche hat, ob er nun zustimmt, schweigt oder bestreitet, keine Möglichkeit, *nicht* zu reagieren.

Nehmen wir nun an, der Jugendliche bestreitet die Regelverletzungen auf der Inhaltsebene und gibt dem Erzieher auf der Beziehungsebene zu verstehen, er sei jemand, der »so etwas nicht tut«. Er bietet damit dem Erzieher eine Selbstdefinition an, die dieser akzeptieren oder ablehnen kann. Akzeptiert er sie, gibt also zu verstehen: »Ich sehe Dich auch so wie Du Dich siehst«, so wird wahrscheinlich die weitere Kommunikation von beiden als unproblematisch empfunden. Problematischer wird die Situation, wenn er die Selbstdefinition des Jungen ablehnt. Er hat dann zwei Möglichkeiten, die beide bedeutsam für seine weiteren pädagogischen Interventionschancen sind:

a) Entgegnet er etwa: »Na hör mal, ich hab Euch doch genau gehört. Du bist da nicht anders als andere Jungen auch und ich versteh Dich ja auch. Aber wenn wir weiter kommen wollen, dann darfst Du mich nicht für dumm verkaufen!«, so hat er die Selbstdefinition des Jungen verworfen. Solch eine *Verwerfung*, «wie schmerzlich sie auch sein mag, setzt zumindest eine begrenzte Anerkennung dessen voraus, was verworfen wird, und negiert daher nicht notwendigerweise die Wirklichkeit des Bildes«, das der Jugendliche von sich hat[30]. Pädagogische Anknüpfungsmöglichkeiten bleiben erhalten.

b) Erwidert aber der Erzieher z. B: »Das hab ich mir gedacht. Es hat ja gar keinen Zweck, sich mit Dir zu unterhalten, Du bist ja viel zu verlogen. Scher Dich raus! Ab heute werde ich Dich nachts einschließen!«, so entwertet er das Selbstbild des Jungen. Eine *Entwertung* ist (im Gegensatz zur Verwerfung) keine teilweise, sondern eine totale Zurückweisung der Selbstdefinition des anderen und damit seiner ganzen Person. Es wird einleuchten, daß auf dieser Basis pädagogische Einwirkungsmöglichkeiten kaum mehr denkbar sind.

2. Wie oben gesagt, wird der Beziehungsaspekt der Kommunikation vorwiegend über nichtsprachliche Mittel wie Tonfall, Mimik und Gestik vermittelt, während auf der Inhaltsebene sprachliche Mittel vorherrschen. Watzlawick unterscheidet zur Präzisierung zwischen *analogen* und *digitalen* Kommunikationsmitteln, Begriffe, die er der Kybernetik entlehnt. Digitale Mittel zeichnen sich dadurch aus, daß ihre Bedeutung durch Übereinkunft recht eindeutig festgelegt ist. Das gilt besonders für die Sprache (die Bedeutung etwa des Wortes »Haus« ist selten strittig), aber auch für einige nichtsprachliche Zeichen und Gesten (zu denken ist dabei z. B. an Verkehrsschilder oder an das »Vogelzeigen« des Autofahrers). Analoge Kommunikationsmittel dagegen sind uneindeutig und müssen deshalb in jedem Einzelfall interpretiert werden: ein Stirnrunzeln kann Nachdenk-

30 a.a.O., S. 85.

lichkeit oder Ablehnung signalisieren, Tränen können aus Trauer, Schmerz oder Freude fließen usw.

Analoge und digitale Mittel sind wie Inhalts- und Beziehungsaspekt Bestandteile jeder Kommunikation. Sie können einander ergänzen, aber kaum ersetzen. Ebenso wie analoge Mittel wenig zur Übermittlung von Inhalten beitragen können, sind digitale Mittel nur in Grenzen geeignet, Beziehungen zu definieren (der Satz »Ich liebe Dich« bleibt blutarm gegenüber den analogen Ausdrucksmöglichkeiten von Blick, Tonfall und Geste). — Die Bedeutsamkeit dieser Einsichten auch für den Sozialpädagogen wird offensichtlich, wenn man sich vergegenwärtigt, daß es sich ja in seinem Verhältnis zu seinen Klienten nicht zuletzt um Probleme, Konflikte oder Störungen im Beziehungsbereich handelt. Schwierigkeiten ergeben sich hier vor allem aus der Mehrdeutigkeit von analogen Mitteilungen. Sie werden noch dadurch verstärkt, daß die Klienten der Sozialpädagogik in ihrer Sozialisation oft nur geringe sprachliche Fertigkeiten erworben haben und ihnen deswegen die ohnehin nur begrenzt mögliche Verbalisierung (Digitalisierung) von analogen Mitteilungen zusätzlich erschwert ist. Der Blumenstrauß, den eine Klientin der Familienfürsorgerin schenkt, kann bedeuten: »Du bist mir sympathisch«, aber auch: »Du sollst Dich mir stärker widmen» oder: »Es tut mir leid, daß ich meine Kinder wieder die Schule habe versäumen lassen«. Es wird über die weitere Interaktion zwischen Sozialpädagogin und Klientin mitentscheiden, welche Interpretation die Sozialpädagogin wählt und ob sie damit die Absichten der Klientin trifft.

Eine weitere Quelle von Kommunikationsproblemen ist die Schwierigkeit, auf analoge Weise eine einfache Negation mitzuteilen: der Jugendliche, dessen ständige spielerische, nie recht zu Ende geführte Angriffe auf einen Erzieher als Aggressivität bestraft werden, will vielleicht nur mit unzulänglichen analogen Mitteln zu verstehen geben, daß er den Erzieher *nicht* angreifen will.

3. »Zwischenmenschliche Kommunikationsabläufe sind entweder *symmetrisch* oder *komplementär*.«[31] Komplementarität ist gegeben, wenn der eine einen Bildungs-, Informations-, Fertigkeits- oder Machtvorsprung gegenüber dem anderen hat, Symmetrie, wenn das nicht der Fall ist. Diese Eigenschaft von Kommunikation ist sicherlich die pädagogisch bedeutsamste, denn pädagogische Beziehungen sind geradezu durch solche Vorsprünge definiert. Das trifft auch für lockere Beziehungen zu (man denke an den Informationsvorsprung des Dozenten in der Erwachsenenbildung), gilt aber besonders dann, wenn der Pädagoge einen handfesten Machtvorsprung (»Erziehungsberechtigung«) gegenüber seinem (meist minderjährigen) Adressaten hat. Und es gilt ganz ausgeprägt für *sozial*pädagogische Beziehungen, nämlich immer dann, wenn der Sozialpädagoge als Vertreter einer Kontrollinstanz auch mit förmlicher Sanktionsmacht gegenüber Klienten

31 a.a.O., S. 70.

ausgestattet ist, die der Abweichung bezichtigt werden. Zwar wird ganz allgemein vom Sozialpädagogen gefordert, er solle durch seine Arbeit sein komplementäres Verhältnis zum Klienten in Richtung auf zunehmende Symmetrie abbauen, ein Vorgang, der häufig als »Ablösung«, »Erziehung zur Selbständigkeit« oder »Erziehung zur Mündigkeit« bezeichnet wird; tatsächlich aber laufen sozialpädagogische Beziehungen oft auf das Gegenteil hinaus: jener Heimerzieher, der den seine nächtliche Missetat leugnenden Jugendlichen als »verlogen« bezeichnete und damit dessen Selbstdefinition entwertete, ist ein Beispiel für solch eine Beziehung von »starrer Komplementarität«. Dagegen »(sind) in einer stabilen symmetrischen Beziehung die Partner imstande, den anderen in seinem Sosein zu akzeptieren, was zu gegenseitigem Respekt und Vertrauen in den Respekt des anderen führt und damit zu einer realistischen gegenseitigen Bestätigung...«[32]

2.3.1. Fallanalysen

Fallvariation B:
Der Praktikant Klaus Warms, so haben wir bereits oben (S. 48f.) festgestellt, hat sich vor allem den Hurricans zugewandt, und er will, wie er ausdrücklich sagt, auf deren Bedürfnisse eingehen. Aber er tut das auf eine eigentümliche Weise. Wenn man nämlich den Informationen der Falldarstellung folgt, dann tritt der verbale Gedankenaustausch auf der Inhaltsebene sehr stark gegenüber der Verständigung auf der Beziehungsebene zurück. Auf dieser Ebene ist die Kommunikation sehr dicht, von gegenseitigem Akzeptieren bestimmt, und stellt offenbar alle Beteiligten zufrieden: die Hurricans können sich Warms sogar als Gruppenmitglied vorstellen und Warms kann sich am Hereinlegen der Polizei mitfreuen. Dementsprechend herrschen analoge Kommunikationsmittel vor (gemeinsames Gelächter z. B. oder die weitgehend sprachfreie Verständigung beim Tischfußball), die es Klaus Warms erlauben, sich nicht eindeutig festzulegen. Er ruft eben nicht: »Haut ab, die Polizei kommt!«, sondern: »Achtung, die Bullen!«, stützt sich also auf ein gemeinsames Verständnis der Situation, in dem das Sichfernhalten von der Polizei auch unausgesprochen als selbstverständlich gilt.
Wir haben bei der Diskussion über Intention und Funktion (S. 48) trotz knapper Informationen die Annahme für zulässig erklärt, daß Warms durchaus mit Absicht benachteiligte Jugendliche als wichtigste Adressatengruppe seiner Jugendarbeit bestimmt. Ebenso ist es nicht auszuschließen, daß er — immerhin ausgebildeter Sozialpädagoge — ein rückhaltloses Vertrauen als unumgängliche Basis für spätere pädagogische Interventionen ansieht. Gleich ob das zutrifft oder nicht, er hat mit seinem Verhalten einen wichtigen Aspekt der pädagogischen Beziehung wenn nicht erkannt, so doch verwirklicht — allerdings auf Kosten eines anderen, ebenso wichti-

32 a.a.O., S. 104.

gen. Indem er sich nämlich bemüht, ein symmetrisches Verhältnis gleichsam im Vorgriff herzustellen, vergißt er, daß er nicht zufällig, sondern systematisch Majoritätsbeauftragter ist und damit in einem komplementären Verhältnis zu seinen Klienten steht. Zwar gelingt ihm ein Einfühlen in die »Lebenswelt« der Klienten, aber er scheitert schließlich, weil ein symmetrisches Verhältnis nur zeitweilig möglich war, nämlich bevor eine eigentliche pädagogische Beeinflussung einsetzte und bevor die Majorität ihn aus der pädagogischen Beziehung entfernte.

> *Arbeitsaufgabe 23:* Charakterisieren Sie die Kommunikation zwischen Pädagogen und Klienten in Fallvariation A.

> *Arbeitsaufgabe 24:* Charakterisieren Sie die Kommunikation zwischen Pädagogen und Klienten in Fallvariation C.

2.4. Auffälligkeit und pädagogische Reaktion

Wir gehen in diesem Buch — wie schon mehrfach gesagt — von einer besonderen sozialpädagogischen Zielvorstellung aus: nämlich der Verhinderung oder Eindämmung von Dissoziierungsprozessen. Darin ist eingeschlossen, daß wir unser Augenmerk auf »auffällige«, »abweichende«, »randständige« oder »gefährdete« Menschen als potentiellen Klienten der Sozialpädagogik richten. Das bedeutet grundsätzlich, daß der Sozialpädagoge sehr häufig mit »Abweichungen« zu tun hat und darauf reagieren muß. Wir haben zuvor (im Kapitel über den Definitions-Ansatz in Teil I) gesehen, daß das, was als Abweichung empfunden und bestimmt wird, von der Sichtweise des Beobachtenden, des sich »normal« Verhaltenden oder als normal Geltenden abhängt. Und wir wissen, daß als Abweichung sehr verschiedene Dinge gelten können: Diebstahl, Totschlag, eine Entstellung, Körperbehinderung, Homosexualität, Prostitution, Alkoholismus, Arbeitslosigkeit, Neger unter Weißen sein usw. Die Reaktion von Sozialpädagogen auf derartige »Abweichungen« wollen wir hier unter zwei Gesichtspunkten betrachten. Der erste ist der von »Normendistanz« gegen »Normenrigidität«, der zweite der von »Stigmatoleranz« gegen »Diskreditierungsbereitschaft». Beide hängen miteinander zusammen, was uns aber bei der getrennten Analyse zunächst nicht behindern soll.

2.4.1. Normendistanz gegen Normenrigidität

Mit diesen Begriffen sollen verschiedene normative Haltungen[33] benannt werden. »Normendistanz« bezeichnet eine flexible Haltung, die die Absicht des Handelnden, seine persönlichen Umstände und die sonstigen (situativen) Bedingungen seines Verhaltens berücksichtigt und insofern vor sofortiger Verdammung des Abweichenden, vor »vorschnellen« Reaktionen schützt. Hingegen meint *»Normenrigidität«* eine starre Haltung, die weder die Absicht des Handelnden, noch dessen persönliche Umstände oder die sonstigen (situativen) Bedingungen des Verhaltens zu berücksichtigen erlaubt, sondern eine sofortige — in der Regel negative — Reaktion auf eine Abweichung begünstigt.

Kennzeichnend für Normenrigidität ist weiterhin, daß Normverletzungen (eigene und die anderer) von Angstgefühlen begleitet werden[34], während Normendistanz sich in einer größeren »emotionalen Offenheit« äußert (was nicht etwa »Betroffenheit« ausschließt).

Zwischen Normendistanz und Normenrigidität entfaltet sich die normative Haltung jedes einzelnen überwiegend[35], und gewiß gibt es zwischen verschiedenen Personen noch inhaltliche Differenzen. Es mag Bereiche geben, in welchen jemand als normenflexibel angesehen werden kann, und es mag andere Bereiche geben, in denen er als normenrigide zu gelten hat. Beispielsweise kann jemand in Hinblick auf den Alkoholkonsum Jugendlicher höchst tolerant sein, aber zugleich eine äußerst rigide Sexualmoral vertreten.

Obwohl also eine jederzeitig eindeutige Zuordnung der Reaktion von Personen auf Auffälligkeiten bzw. Abweichungen im Sinne unseres Begriffspaares kaum möglich ist, erscheinen uns die Kategorien von Normendistanz und Normenrigidität doch ergiebig für die Analyse sozialpädagogischen Handelns. Je mehr Normendistanz ein Sozialpädagoge hat, desto eher wird er imstande sein, »angemessen« auf Abweichungen von Klienten zu reagieren. »Angemessen« heißt hier zunächst nicht mehr als die Möglichkeit, ohne Angst und Entrüstung auf den Abweichenden einzugehen.

> *Arbeitsaufgabe 25:* Nennen Sie Beispiele für abweichende Verhaltensweisen von Kindern/Jugendlichen/Erwachsenen, die es Ihnen persönlich besonders schwer machen würden, Angst und Entrüstung zu unterdrücken.

Allerdings darf dies nicht mißverstanden werden: Normendistanz bedeutet nicht etwa, daß der Handelnde wegen großer Offenheit und grundsätzlicher Ablehnung von Verhaltensregeln die Abweichung als solche gar nicht

---

33 Vgl. die Kategorien der »konventionalistisch-rigiden« und der »humanistisch-flexiblen moralischen Orientierung« bei M. L. Hoffman, Moral Development; in: P. H. Mussen (Hrsg.), Carmichaels Manual of Child Psychology, Bd. II, New York 1970.

34 Wir beziehen uns hier auf einen seit Sigmund Freud immer wieder betonten Aspekt der Gewissensbildung; vgl. z. B. S. Freud, Neue Folge der Vorlesungen zur Einführung in die Psychoanalyse; in: Sigmund Freud, Studienausgabe Bd. I, Frankfurt 1969, S. 448ff., bes. S. 500.

35 Dem hier noch fehlenden Aspekt partieller »Normenlosigkeit« wenden wir uns weiter unten zu (S. 67).

erkennen würde und somit auch gar nicht reagieren *kann*. Das Gegenteil trifft zu: Normendistanz muß »gewonnen« worden sein; sie bedeutet, die infragestehende Verhaltensregel zu »beherrschen«, auch indem man gewisse Verhaltensspielräume erkennt und zuläßt.

> Halten wir uns dies an einem Beispiel vor Augen. Ein vierjähriges Kind hat einen 20-Markschein aus der herumliegenden Brieftasche des Vaters genommen und in zwei Teile zerrissen. Die Mutter reagiert entsetzt, reißt dem Kind das Geld aus der Hand, schimpft, »was aus dem Früchtchen wohl mal werden wird«, ist also nicht imstande, die eigene Angst und Entrüstung zu beherrschen. Dies wäre der Fall von Normenrigidität. Die Reaktion der Mutter könnte aber auch so aussehen: »Hör mal, Karin, das ist Geld. Damit können wir einkaufen und davon leben wir. Das, was du hier zerrissen hast, ist soviel, daß wir davon alle Mittag essen können und soviel Coca Cola trinken, wie wir wollen. Dafür muß dein Vater arbeiten, und das darfst du nicht wegnehmen. Jetzt wollen wir mal sehen, ob wir beide das vielleicht wieder zusammenkleben können...» Später, nach gelungener Tat, mag sie hinzufügen: »Aber ich sags dir nochmal, Karin. Tu das nicht wieder, sonst gibts Krach.« Hier dürften wir Normendistanz konstatieren.

Beidemal wird die Geltung der Norm (Geld nicht wegnehmen, pfleglich behandeln usw.) nicht infrage gestellt. Doch ist die Handhabung ganz verschieden. Und es dürfte nicht schwerfallen, sich vorzustellen, daß das Verhaltensmuster der Mutter im ersten Falle am Ende auch beim Kind zu einer rigiden Handhabung von Normen führen wird, das Verhaltensmuster der Mutter im zweiten Falle hingegen das Abwägen der Situation sowie des Verhältnisses von Zweck und Mittel als grundsätzliche Elemente der Berücksichtigung oder Nichtberücksichtigung von Verhaltensregeln bewirkt.

Das zuletzt Gesagte und auch das Beispiel legen nahe, daß die normative Haltung einer Person stark durch ihre Sozialisation, insbesondere die Familiensozialisation, geprägt wird.

Zusammenfassend läßt sich dazu feststellen: je beengter (zeitlich, räumlich, finanziell), psychisch belasteter (durch Arbeit, Kinder, Geldsorgen) und kulturell eingeschränkter (u. a. durch geringe schulische und berufliche Ausbildungsqualifikation) die Familie ist, desto wahrscheinlicher ist die Ausprägung von Normenrigidität. Entsprechend bedingen positive materielle, psychische und kulturelle Familienverhältnisse mit größerer Wahrscheinlichkeit die Ausprägung von Normendistanz.[36]

Dies wirft die Frage nach der sozialen Herkunft der Sozialpädagogen auf.

---

36 Wir wollen hier (und im folgenden) einer Diskussion der teils widersprüchlichen, teils komplizierten und häufig in der BRD nicht angemessen wiedergegebenen bzw. ausgewerteten Untersuchungen zum Thema »normative Orientierung« aus dem Wege gehen und beschränken uns auf wenige allgemeine Aussagen, die wir für den gemeinsamen Nenner der entsprechenden Untersuchungen halten; vgl. zsfssd. F. Neidhardt, Strukturbedingungen und Probleme familialer Sozialisation; in: D. Claessens/P. Milhoffer (Hrsg.), Familiensoziologie, Frankfurt 1973, S. 205ff.

Kämen Sozialpädagogen vornehmlich aus Familien der höheren Sozialschichten, so könnte man auf ein erhebliches Reservoir an Normendistanz schließen, und umgekehrt. Indessen bedarf es einer doppelten Korrektur. Die eine betrifft die Rolle der nichtfamilialen — also der schulischen, beruflichen und sonstigen — Sozialisation. Die andere betrifft die »geschichtliche Besonderheit ›der‹ Deutschen«, nämlich Tendenzen zu bestimmten normativen Haltungen.

Beginnen wir mit letzterem: Natürlich ist hier nicht ein eindeutiger Sozialcharakter gemeint, der alle Deutschen zwangsläufig einschlösse. Dennoch scheint die Vermutung nicht abwegig, daß die deutsche Bevölkerung von anderen (z. B. von der schwedischen oder italienischen, mehr noch von den Bevölkerungen nichtindustrieller Gesellschaften Lateinamerikas, Afrikas, Asiens) sich durch eine ziemlich verbreitete Tendenz zu normativer Rigidität unterscheidet. »Produktive Arbeitshaltung« ausmachende Eigenschaften und Einstellungen wie Zweckorientierung, Ausdauer, Pünktlichkeit, Fleiß, Unterordnung unter die Arbeitsapparatur und Organisation, Zurückstellung der privaten Bedürfnisse während des Arbeitsvollzugs etwa scheinen in der deutschen Bevölkerung gewiß über alle Sozialschichten hinweg besonders stark ausgeprägt.[37]

Die zuvor gemachte Aussage über den Zusammenhang von Familiensozialisation und Normendistanz/Normenrigidität ist also einzuschränken: Insgesamt wird bei uns die Tendenz zur Normenrigidität überwiegen; ausgeprägte Normendistanz als Resultat von Familiensozialisation wird vergleichsweise selten sein. Diese Feststellung ist für unsere Diskussion der Reaktionen von Sozialpädagogen auf Abweichungen der Klienten insofern bedeutsam, als wir nunmehr ausgeprägte Normendistanz als regelmäßiges Ergebnis der Familiensozialisation auch von Sozialpädagogen ausschließen müssen — und entsprechend »unangemessene«, angstbegleitete, unflexible, Siuation und persönliche Handlungsbedingungen vernachlässigende Reaktionen gegenüber den Abweichern gewärtigen müssen.

Und es gibt noch einen weiteren Grund, der die Annahme bestärken muß, daß man unter Sozialpädagogen vergleichsweise häufig einen hohen Grad an Normenrigidität antreffen wird. Einige Daten über die soziale Herkunft von Sozialpädagogen zeigen, daß die Angehörigen dieser Berufsgruppe überwiegend (60%) über das Studium und den Eintritt in eine entsprechend dotierte Berufsposition im Vergleich zum Status der Herkunftsfamilie einen sozialen Aufstieg durchlaufen.

Ältere Untersuchungen wie z. B. die von O. Lingesleben[38] sagen hierzu wenig aus, weil die dort verwendeten Kategorien keinen unmittelbaren Bezug zu Schichtung oder Status haben. Wenngleich wir im Umgang mit Schichtungsbegriffen selbst äußerst vorsichtig sind, messen wir den eigenen über

37 Dafür, daß es sich hierbei um eine »typisch deutsche« Haltung handelt, spricht, daß sie über Systemgrenzen hinweg wirksam ist, nämlich in der Bundesrepublik ebenso wie in der DDR.

38 Die Berufssituation der Sozialarbeiter, Köln/Opladen 1968.

vier Jahre hinweg an der Fachhochschule Kiel durchgeführten Erhebungen (bei denen jeweils die neu eingetretenen Studenten erfaßt wurden) genügend Aussagekraft für die hier getroffene Tendenzbehauptung zu. Es wurden jeweils Status der Herkunftsfamilie und erwarteter künftiger Status verglichen. Das verwendete Modell von Moore/Kleining ergab Herkunft aus der »oberen Unterschicht« bei 15–20% der Studenten und aus der »unteren Mittelschicht« bei 40–45% der Studenten gegenüber einer erwarteten Berufsposition, die der »mittleren Mittelschicht« zuzuordnen wäre. Unabhängig von der Wirklichkeitsrelevanz des Modells für den Status von Personen, läßt sich hieraus eine vorwiegend »kleinbürgerliche« Sozialisation ableiten. Dies gilt auch für den größten Teil derer, deren Herkunftsfamilie der »oberen Unterschicht« zuzuordnen war. Es handelte sich meistens um kleine Angestellte; Facharbeiter und Handwerker waren in der Elterngeneration selten. Ob man es in diesen Fällen mit einer »proletarischen« Sozialisation zu tun hat, läßt sich theoretisch kaum klären. Nach unserem Eindruck ist ein »proletarischer« Sozialisationshintergrund bei Sozialpädagogen eine Ausnahme. Die Erhebungen ergaben im übrigen, daß auch eine im Vergleich mit dem zu erwartenden Status höhere soziale Herkunft von Studenten der Sozialpädagogik selten ist (um 5%). —
Im übrigen dürfte die aufgewiesene Tendenz einer kleinbürgerlichen sozialen Herkunft der Sozialpädagogen im gesamten Bundesgebiet und Berlin eher stärker sein als hier numerisch erfaßt, da wir die ehemaligen Erzieher (die das Studium in Kiel unter besonderen Bedingungen, u. a. mit zeitlicher Verkürzung, absolvieren) nicht in die Erhebung einbezogen haben, obwohl diese Gruppe typischerweise ebenfalls über das Studium einen sozialen Aufstieg ansteuert. —

Trotz dieser Befunde, die nach dem Gesagten nahelegen, daß bei Sozialpädagogen »von Herkunft wegen« mit einer normativen Haltung zu rechnen ist, die den Klienten nicht zum Vorteil gereicht, wollen wir allzu großem Pessimismus entgegentreten. Wir haben schon weiter vorn angedeutet, daß auch der außerfamilialen Sozialisation eine gewisse Rolle bei der Ausprägung der normativen Haltung zukommt. Hier ist naturgemäß zuerst die Wirkung des Sozialisationsabschnitts angesprochen, den die Ausbildung selbst darstellt. Die hier in der Lehre, im Umgang mit Lehrenden und Lernenden und bei ersten Praxisberührungen gemachten Erfahrungen prägen in gewissem Maße die normative Haltung mit. In diesem Zusammenhang sollte man sich noch einmal vor Augen halten, daß die Kategorien Normendistanz bzw. Normenrigidität sich in erster Linie auf die Art der Reaktion auf Abweichungen beziehen, auf das emotionale Verhältnis zu einer Verhaltensregel bzw. ihrer Verletzung. Vernachlässigt man dies, so könnte man annehmen, daß »Aufklärung« etwa im Sinne einer Bewußtmachung der Relativität von Normen bereits hinreichen könnte, um die in der Familiensozialisation vermittelte Mitgift hochgradiger Normenrigidität zu beseitigen und durch Normendistanz zu ersetzen. Leider bedarf es tiefergreifender Vorgänge. Zu den wesentlichen Bedingungen, unter denen normative Haltungen überhaupt vermittelt werden, gehören eine (möglichst positive) affektive Beziehung zu einem möglichen Identifikationsob-

jekt und das stetige (sich wiederholende, möglichst eindeutige) Vorleben bestimmter Reaktionen auf Abweichungen.
In dem Maße, in dem es den an den entsprechenden Ausbildungseinrichtungen Tätigen gelingt, eine »offene«, tolerante, »antistigmatische« Lernatmosphäre zu verwirklichen, wird Normenrigidität aufgebrochen und eingedämmt werden können. Natürlich spielt der Grad der »mitgebrachten« Fixierung und die Intensität auch der inhaltlichen Befassung mit den Problemen der Abweichung hier stark hinein.
Unser begrenzter Optimismus bezüglich einer positiven Entwicklung sowohl der Lernatmosphäre als auch der inhaltlichen Diskussion gründet sich auf die Veränderungen im letzten Jahrzehnt, die von einem erheblichen Teil der sozialpädagogischen Ausbildungsstätten mitgetragen worden sind[39].

Arbeitsaufgabe 26: Versuchen Sie, unter diesen Gesichtspunkten Ihre eigene Ausbildung einzuschätzen.

Fassen wir zusammen: Die Interaktionen zwischen Sozialpädagogen und Abweichern = Klienten sind in der Regel stark belastet, wenn die bisherige Sozialisation des Sozialpädagogen (vor allem die Familiensozialisation) eine normative Haltung hervorgebracht hat, die als Normenrigidität zu bezeichnen ist. Sowohl von der geschichtlichen Besonderheit einer spezifisch »deutschen« Arbeitshaltung her als auch von der (Normenrigidität begünstigenden) kleinbürgerlichen Herkunft eines Großteils der Sozialpädagogen (und Erzieher) her ist eine in dieser Berufsgruppe verbreitete Tendenz zur Normenrigidität anzunehmen. Indessen wird diese Tendenz durch eine eher offene, tolerante und »antistigmatische« Entwicklung im sozialpädagogischen Ausbildungsbereich in neuerer Zeit teilweise aufgebrochen und eingedämmt.
Allerdings sei hier noch einmal betont, daß nicht die Beschreibung der »statistischen Wirklichkeit« im Vordergrund dieses Abschnitts steht, sondern daß es um ein Instrument zur Einschätzung und Erklärung des sozialpädagogischen Handelns im Einzelfall geht, an das man praktisch — etwa kooperierend oder kritisierend — anknüpfen kann.

2.4.2. Stigmatoleranz gegen Diskreditierungsbereitschaft[40]

Diese Begriffe sollen verschiedene Einstellungen gegenüber den »Auffälligen« bzw. »Abweichern« bezeichnen. *»Stigmatoleranz«* bedeutet die Be-

39 Die Gefahr einer »sekundären Normenrigidität«, nämlich das Anklammern an frisch gelernte, noch nicht »beherrschte«, aber geglaubte Erkenntnisse ist sicher nicht zu unterschätzen, doch ist sie nach unserem Eindruck von immer mehr für die Ausbildung Verantwortlichen erkannt und berücksichtigt worden.
40 Diese Begriffe sind eine naheliegende Fortführung der Begriffe von E. Goffman, Stigma, Frankfurt 1967.

reitschaft, mit dem bei einer gesellschaftlichen Majorität Geächteten, Gemiedenen, Verrufenen, Verdächtigten bzw. mit Aussonderung Bedrohten (mit einem Stigma Belegten oder Etikettierten) »normal« zu interagieren. Der Stigmatoleranz verwirklichende Sozialpädagoge wird also einen »auffälligen« (bzw. auffällig gewordenen) Klienten seinerseits nicht weiter in der Rolle des Auffälligen oder Abweichers bestätigen — beispielsweise weder durch übertriebenes Mitleid und ungefragte Hilfsbereitschaft (etwa gegenüber einem Behinderten) noch durch aufdringliches Ansprechen des Stigmabereichs oder ängstliches Vermeiden (etwa gegenüber einem Homosexuellen).

»Diskreditierungsbereitschaft« bedeutet dagegen die Neigung zur Verdächtigung, Meidung, Ächtung und Bestrafung von Abweichern, Außenseitern, Leistungsschwachen, angeblich Undisziplinierten oder aufgrund irgenwelcher Merkmale Stigmatisierbaren (Hautfarbe, Behinderung, Heimaufenthalt, kulturelle »Andersartigkeit« in Sprache, Mimik, Gestik[41] usw.). Stigmatoleranz und Diskreditierungsbereitschaft bezeichnen also grundsätzliche Muster der Reaktion gegenüber »Auffälligen« und haben mithin einen unmittelbaren Bezug zur Tätigkeit des Sozialpädagogen, besonders wenn man unsere Zielbestimmung von Sozialpädagogik als Verhinderung, Abbruch oder Eindämmung von Dissoziierungsprozessen teilt. Der Bezug hat zwei Seiten: Einmal ist das Verhalten des Sozialpädagogen selbst durch mehr oder weniger Stigmatoleranz bzw. Diskreditierungsbereitschaft gekennzeichnet, und zum anderen ist das Verhalten der gesellschaftlichen Majorität, dem sich weder Klient noch Sozialpädagoge gänzlich entziehen können, von Stigmatoleranz oder Diskreditierungsbereitschaft geprägt.

Arbeitsaufgabe 27: Versuchen Sie, in Ihren eigenen Kenntnissen und Erfahrungen (oder in Rückgriff auf die Fälle aus Teil I, S. 10ff.) Belege für die These zu finden, der Sozialpädagoge könne sich dem Problem der Diskreditierungsbereitschaft der Majorität nicht entziehen.

Wie bereits im vorangehenden Abschnitt wollen wir auch an dieser Stelle über die Erarbeitung wichtiger Kategorien zur Einschätzung und Erklärung des sozialpädagogischen Handelns hinaus den Versuch unternehmen, etwas über die Ausprägung dieser Kategorien in unserer Gesellschaft zu sagen. Wir hoffen, damit ein wenig zu einer realistischen Einschätzung der Probleme beizutragen, denen sich der unserer Zielvorstellung verpflichtete Sozialpädagoge oder Erzieher gegenüberfindet.

Unsere These ist, daß Stigmatoleranz in der Bundesrepublik Deutschland geringer ausgeprägt ist als in vergleichbaren Gesellschaften (den skandinavischen Gesellschaften, in den Niederlanden, in Italien, in Frankreich zum Beispiel) — trotz der einschlägigen, durch höchste Diskreditierungsbereit-

41 z. B. bei Ausländern.

schaft (etwa Rassismus bis zur Massenvernichtung) gekennzeichneten Vergangenheit und trotz der Aufklärungsbemühungen und Liberalisierungstendenzen besonders des letzten Jahrzehnts. Verschiedene Beispiele zeigen im Gegenteil eine ausgeprägte Diskreditierungsbereitschaft in weiten Kreisen der Bevölkerung auch heute. Das erweist sich sowohl bei den Integrationsproblemen der ausländischen Arbeiter als auch an den Schwierigkeiten bei der Durchsetzung einer liberalen Gesetzgebung bezüglich der Homosexualität oder bei der verbreiteten Neigung, Arbeitslosigkeit als grundsätzlich selbst verschuldet, nämlich durch Faulheit, Bequemlichkeit und eine »Handaufhalte-Mentalität« bedingt hinzustellen.

Bei der Suche nach einer Erklärung für diese verbreitete Haltung kann man auf den Sachverhalt stoßen, daß Normenrigidität gewöhnlich mit Diskreditierungsbereitschaft einhergeht. Je selbstverständlicher Verhaltensregeln (Normen) sind, desto weniger ist jemand imstande, Abweichungen davon zu ertragen. Da Normenrigidität über die Bestrafung von Abweichungen (insbesondere durch Liebesentzug) zustandekommt, entsteht die Neigung, an den Abweichern jene Strafen nachzuvollziehen, die man im Wege des Erlernens der Verhaltensregeln selber erlitten hat. Diese psychologische Erklärung erscheint uns jedoch zu kurz, zu formal, inhaltlich belanglos. Wir glauben der Ursache der verbreiteten Diskreditierungsbereitschaft in der deutschen Gesellschaft näher zu kommen, indem wir den oben schon einmal angesprochenen Gedanken der besonderen »deutschen« Arbeitshaltung aufnehmen.

Wir hatten diese charakterisiert durch Zweckorientierung, Ausdauer, Pünktlichkeit, Fleiß, Unterodnung unter die Arbeitsapparatur und die Organisation und das Zurückstellen privater Bedürfnisse während des Arbeitsvollzuges.

Wir glauben, der Ursache der Diskreditierungsbereitschaft auf die Spur zu kommen, indem wir all dies als Teil einer übergreifenden Werthaltung begreifen, nämlich der »deutschen« Auffassung von »Leistung/Erfolg«[42]. Insofern es sich um eine Werthaltung handelt, ist der Begriff »Auffassung« vielleicht irreführend, man hat es eher mit einer Art »Glauben« zu tun, etwas, das dem eigenen Bewußtsein nur in Ausnahmefällen zugänglich wird. Diesem Glauben gemäß bedeutet Leistung, erfolgreich zu konkurrieren. Erfolg ist also das Ergebnis von Leistung unter Konkurrenzbedingungen. Die Schule übt dieses System, indem Leistung individuell gemessen und nach einem »objektiven« (kollektiven) Maßstab bewertet wird von jemandem, der ein Leistungsmessungsmonopol hat (dem Lehrer); ähnlich sind die Verhältnisse im Arbeitsbetrieb. Nun bedeutet Leistung zugleich Arbeit, Arbeit vollzieht sich unter den Bedingungen einer angemessenen Ar-

42 Natürlich ist es immer problematisch, von *der* deutschen Haltung zu sprechen. Tatsächlich gehen hier Elemente ein, die als allgemeines Produkt von Industrialisierung zu begreifen sind, insbesondere ist die »zweckrationale« Arbeitshaltung nicht nur eine deutsche Errungenschaft. Aber das Komglomerat von Eigenschaften, das hier thematisiert wird, erscheint doch einzigartig.

beitshaltung. Leistung ist also an Triebaufschub und Triebverzicht gebunden[43].

Diese Überzeugung wird nun in zwei Richtungen wirksam: Dem Erfolgreichen wird unterstellt, er sei leistungsstark, und dies wiederum schließt Fleiß, Ausdauer, Triebverzicht ein. Die Früchte des Erfolges werden ihm nicht geneidet. Und da Leistung/Erfolg in unserer Gesellschaft immer auch materiell belohnt werden, sind die Anzeichen von Wohlstand, die sogenannten Statussymbole, für »die anderen« Anlaß zu Respekt und Hochachtung. Als Erfolgssymbole gelten übrigens auch erworbene Ausbildungsgrade (Titel) und Berufsbezeichnungen, die Macht oder höhere Bildung einschließen.

Was aber geschieht, wenn jemand trotz Fleiß, Ausdauer, Triebverzicht nicht erfolgreich ist, jedenfalls nicht so, daß es sich materiell oder auf andere Art (Macht, Bildung) ausweisen läßt? Von den zwei theoretischen Möglichkeiten, das System als ungerecht zu erklären oder aber sich an denjenigen aufzurichten, die *noch* erfolgloser, leistungsschwächer sind als man selbst, wird — wie wir meinen feststellen zu können — in unserer Gesellschaft regelmäßig die zweite gewählt.

Die Einbettung der Leistungsidee in die Konkurrenzidee bedeutet, daß Konkurrenz auf verschiedenen gesellschaftlichen Ebenen, in verschiedenen Kreisen, herrscht. Für den einzelnen gibt es stets Stufen, die noch zu erklimmen wären und entsprechend auch Leute, die glücklicherweise zurückgeblieben sind. Je schwerer nun die positive Selbsteinschätzung, die Einschätzung als »leistungsstark« oder »erfolgreich« fällt, umso nötiger wird die Absetzung von »denen da unten«. Diese Absetzung oder Abgrenzung schlägt regelmäßig in Diskreditierung um, weil die (nicht unbedingt bewußte) Vorstellung von der triebverzichtsbedingten Leistungsfähigkeit andersherum gedacht bedeutet: »die da« sind faul, undiszipliniert, machen sich ein gutes Leben auf anderer Leute Kosten (auf *meine* Kosten). Eben hier kommt die Bereitschaft zur Bestrafung zum Vorschein. Und in der Regel dürfte diese Strafbereitschaft sich nach dem Ausmaß der beim Erlernen von Anstrengung, Ausdauer, Triebverzicht selbst erlittenen Strafen richten.

Die Diskreditierungsbereitschaft ist also von zwei Elementen abhängig, einerseits dem Anspruchsniveau der individuellen Erfolgsorientierung und andererseits dem Ausmaß der in der bisherigen Sozialisation erlittenen Strafen. Wir neigen zu der Ansicht, daß die Verbreitung von Diskreditierungsbereitschaft in weiten Teilen der deutschen Gesellschaft auf eine starke Ausprägung beider Elemente zurückzuführen ist, das häufig hohe Anspruchsniveau der individuellen Erfolgsorientierung und eine stark einengende, individuelle Bedürfnisse verleugnende Sozialisation, die nur durch

43 Wir knüpfen damit an Gedanken von S. Freud, Abriß der Psychoanalyse, Frankfurt 1953, und M. Weber, Die protestantische Ethik und der Geist des Kapitalismus, Tübingen 1934, an.

ein gleichwohl vorhandenes dichtes emotionales Klima für das Kind erträglich wird.
Der Sozialpädagoge/Erzieher hat es nun überdies häufig mit Klienten zu tun, die besonders diskreditierungsgefährdet sind. Es fällt der Majorität nicht schwer, sich die negativen Erwartungen hinsichtlich mangelnder Anstrengung und Triebverzicht zu bestätigen, wo immer entsprechende Normenverletzungen auftreten. Ungeachtet der starken Verbreitung von Alkoholismus in der Erwachsenenbevölkerung werden unter Alkoholeinfluß randalierende Jungedliche gern als »Abschaum« angesehen. Ins Heim »gehören« offenbar solche Kinder/Jugendliche, die sich nicht erziehen »lassen«, die nichts lernen »wollen«. Im Falle von Homosexualität und Prostitution scheint der Verdacht mangelnden Triebverzichts so unmittelbar, daß die Verachtung offenbar nicht mehr begründet zu werden braucht.
Am deutlichsten wird der beschriebene Mechanismus bei dem schon angesprochenen Vorwurf gegenüber den Arbeitslosen, die hätten »ja selbst schuld«, die *wollten* ja nicht arbeiten.
Der Sozialpädagoge/Erzieher kann sich dem Problem der Diskreditierungsbereitschaft der Majorität und der Diskreditierbarkeit seiner Klienten nicht entziehen. Auch die Gewährung von einrichtungsinternen »Freiräumen«, in denen gewisse Verhaltensregeln unbeachtet bleiben, die außerhalb der Einrichtung gelten, ist nur scheinbar ein Ausweg und oft eher geeignet, die Diskreditierbarkeit von Klienten zu erhöhen und Dissoziierungsprozesse noch voranzutreiben.

> Werden beispielsweise in einem Heim gängige Umgangsformen zwischen den Geschlechtern und Generationen sowie Rücksichtnahme der Starken gegenüber den Schwächeren nicht geübt, so steigt die Wahrscheinlichkeit, daß die Kinder/Jugendlichen »anecken«, etwa durch rüden Ton gegenüber einer Verkäuferin oder dadurch, daß ältere Leute aus dem Weg gedrängt werden und der Kräftige sich nicht erst in der Reihe anstellt. Leider sind derartige Beispiele nicht aus der Luft gegriffen, denn vielfach hat sich in der sozialpädagogischen Praxis das Mißverständnis ergeben, daß eine »partnerschaftliche« Beziehung[44] erkauft wird durch eine Art »Verzicht auf Pädagogik«, der darin besteht, nicht beherrschte Normen außer Kraft zu setzen, was aber eben nur in einem unrealistischen Schonraum möglich ist.

Wir haben das Problem nun allerdings einseitig zugespitzt auf das Verhältnis von Majorität und Klient. Indessen unterliegt der Sozialpädagoge/Erzieher doch grundsätzlich den gleichen gesellschaftlichen Mechanismen und Prägungen wie die Majorität, wie wir zuvor schon gesehen haben, und

---

44 Eine subjektiv partnerschaftliche Beziehung wird auch von uns gewünscht. Diese vermag allerdings, was nicht vergessen werden sollte, die objektive Komplementarität nicht aufzuheben. Der Fehler im Beispiel liegt darin, daß die partnerschaftliche Beziehung zum unreflektierten Prinzip gemacht wird und wahrscheinlich Normendistanz mit Normenlosigkeit verwechselt wird.

ist zudem in diese Majorität mehr oder weniger integriert, materiell und auch psychisch (vgl. S. 50).
Die Frage, auf welche Weise denn nun nach und trotz allem der Sozialpädagoge Stigmatoleranz erwerben könne, kann kaum anders beantwortet werden als zuvor die Frage nach dem Erwerb von Normendistanz. Beides, Normendistanz und Stigmatoleranz, muß als Ergänzung oder auch als Korrektur in den Ausbildungsstätten vermittelt werden. Das mag durch die meist vorhandene Primärmotivation der Lernenden zur Arbeit mit Randständigen, Benachteiligten, Stigmatisierten erleichtert werden.

Dabei darf allerdings der Lernende nicht überfordert werden. Wie jeder andere ist auch der (angehende) Sozialpädagoge in seinen Einstellungen gegenüber unterschiedlichen Stigmen unterschiedlich geprägt — durch seine Lebensgeschichte mit ihren häufig ganz spezifischen Erlebnissen, Erfahrungen und Konflikten. Das Vorhandensein, aber auch die Möglichkeit des Erwerbs von Stigmatoleranz kann sich mithin individuell ganz unterschiedlich darstellen, je nachdem, ob sie sich etwa gegenüber geistig Behinderten, Nichtseßhaften oder Alkoholikern entfalten soll. Ausbildung hätte hier zumindest sicherzustellen, daß der Lernende seine Beschränkungen in diesem Bereich erkennt und solche Arbeitsbereiche meidet, denen gegenüber er geringe Stigmatoleranz besitzt oder erworben hat. Die entgegengesetzte idealistische Forderung nach universeller Toleranz des Sozialpädagogen würde ihm und mit ihm den Klienten zum Schaden gereichen.

Indessen kann man unserer Darstellung mit Recht Fadenscheinigkeit vorwerfen, solange wir nicht ein Problem berücksichtigen, das sich aus der Art der Abweichung oder Auffälligkeit einiger potentieller Klienten der Sozialpädagogik ergibt: gemeint ist das Problem der normativen Haltung. Normendistanz und Normenrigidität bezeichnen Haltungen, die die Beachtung von Verhaltensregeln (einmal strikte Befolgung, einmal flexible Reaktion) voraussetzen. In beiden Fällen können wir eine Art »Innenkontrolle« feststellen. Diese ist — grob zusammengefaßt — das Ergebnis der Reaktionen geliebter erwachsener Bezugspersonen auf Abweichungen. Entweder verdichten sich die Reaktionen des Erwachsenen beim Kind zu Angst vor Strafe und Verlust der Zuwendung[45], weshalb das Kind jene (normverletzenden) Verhaltensweisen künftig vermeidet, oder das Kind eignet sich die Reaktionen der (geliebten) Bezugsperson selbst an, zumal wenn diese nicht starr und gelegentlich auch nutzbringend sind[46]. In beiden Fällen ist aber eine enge gefühlsmäßige Bindung zwischen Eltern (Mutter und/oder Vater oder Dauerpflegeperson) und Kind gegeben. Indessen gibt es bekanntlich den Fall, daß eine solche Bindung fehlt, etwa wenn unter schwierigsten materiellen Verhältnissen ein ungewünschtes Kind zur Welt kommt, ein Vater

45 Normenrigidität.
46 Normendistanz. In der Realität werden sich diese beiden Lernmechanismen nicht ausschließen, sondern mit unterschiedlicher Gewichtung einander ergänzen. Und es wird inhaltliche Schwerpunkte der normativen Sozialisation geben, bei denen besondere Rigidität oder Offenheit vorherrschen.

als Bezugsperson nicht da ist oder (zum Beispiel wegen Alkoholismus) ausfällt, Vater und/oder Mutter zur Führung eines Haushalts und Übernahme einer Erziehungsaufgabe nicht fähig oder willens sind (beispielsweise begegnet uns dieses Problem bisweilen bei Heranwachsenden, die selbst im Heim groß geworden sind).
Fehlt also eine solche Beziehung, kommt es typischerweise zu einem »moralischen Werdegang«, der für den Betroffenen und die Majorität problematisch werden kann.
Verhaltensregeln (Normen) werden dann nicht im zwingenden Zusammenhang einer intensiven emotionalen Dauerbeziehung gelernt, so daß jene zuvor angesprochene Innenkontrolle gar nicht zustandekommt[47]. Vielmehr wird — etwa unter den Bedingungen wechselnder Bezugspersonen in einem Kinderheim — das Zurechtkommen mit verschiedenen Regelauslegungen durch verschiedene Bezugspersonen in dem Sinne gelernt, daß man sich »opportun« verhält, d. h. man bemüht sich, den Forderungen der jeweiligen Kontrollperson zu genügen, solange sie die Kontrolle ausübt; und man bemüht sich, der Kontrolle zu entgehen und durch ungesehene Normenverletzungen größtmöglichen Nutzen zu erlangen. Eine solche normative Haltung, die wir oben (S. 26f.) als »Scheinanpassung« bezeichnet haben, wird durch bestimmte Sozialisationsbedingungen typischerweise begünstigt und verfestigt. Neben der fehlenden Gefühlsbindung eines Kindes/Jugendlichen zu einer Dauerbezugsperson wirken undurchschaubare Widersprüchlichkeiten in den normativen Anforderungen der Bezugspersonen (etwa Vater, Mutter, ältere Geschwister; wechselnde »Väter«, verschiedene Erzieher im Heim) in diese Richtung. Mindestens ebenso wichtig und für das, was wir zuvor »moralischen Werdegang« nannten, oft ausschlaggebend wirkt sich der Anschluß des »Opportunisten« an eine »Subkultur« aus — etwa eine Gruppe von Kindern im Heim, die eigene, gegen das Regelsystem des Heimes gerichtete, Normen vertritt, ein zöglingsinternes »Heldentum« entfaltet, das darin besteht, möglichst oft und möglichst radikal gegen die geforderte Ordnung zu verstoßen, sich indessen hierbei nicht erwischen zu lassen.
Die Gruppe, später unter Umständen die Leute, die eine Insassenkultur in einem Gefängnis ausbilden, gewinnt ihre prägende Wirkung aus zwei Faktoren: Erstens knüpft sie emotional an die Lage des »ungeliebten« Kindes/Jugendlichen/Heranwachsenden an und läßt ihm jene soziale Bestätigung zuteil werden, die es/er bisher vermissen mußte. Und mit der Sättigung dieses elementaren Bedürfnisses wächst naturgemäß die Bereitschaft des Betroffenen, sich im Verhalten dem Regelsystem der Gruppe einzufügen. Zweitens bestätigt die Gruppe eine Grunderfahrung des Betroffenen: Das innerhalb einer gesellschaftlichen Majorität geltende Normensystem scheint »für andere gemacht«, insofern die in ihm wirksamen Kontrollen

47 Wir greifen hier auch den Typ der »externalisierten moralischen Orientierung« von M. L. Hoffman, a.a.O., auf.

hauptsächlich dazu zu dienen scheinen, daß man an der Befriedigung seiner Bedürfnisse gehindert wird. Daß man, um wichtige Bedürfnisse befriedigen zu können, lavieren, fingieren und betrügen muß, wird in der Gruppe der Heimzöglinge oft als selbstverständlich vorausgesetzt. (Gleiches gilt für die Insassenkultur des Gefängnisses.)[48]

Personen, die nun aufgrund ihrer bisherigen Sozialisation die normative Haltung des Opportunisten ausgebildet haben, sind, wenn sie auffällig geworden sind, ein besonders willkommenes Objekt der Diskreditierung. Denn sie stellen gerade solche Normen infrage, die in unserer Gesellschaft hochgehalten werden:

> Ein Kind, das, sobald der Lehrer oder Erzieher ihm den Rücken wendet, aufhört, eine Tätigkeit fortzuführen, »verletzt das Vertrauen« des Erziehers; es hat keine »Ausdauer« und ist »faul«. Noch schlimmer wird das Verhältnis dadurch, daß dieses Kind zu lavieren gelernt haben mag, also etwa dem Erzieher freundlich zu begegnen, ihm zuzustimmen, seine Forderungen verbal anzunehmen — ohne dem irgendwelche Taten folgen zu lassen, sobald sich der Erzieher außer Sichtweite begibt. Es ist für letzteren nur schwer zu begreifen, daß Fleiß, Mühe, Ausdauer, Triebverzicht (hierum geht es vor allem) sich für diesen Zögling »nicht lohnen«, daß er an den »Erfolg« nicht glauben kann, weil ihm die entsprechenden positiven Erfahrungen fehlen, etwa die Zuwendung einer »geliebten« Bezugsperson. Der Jugendliche, der dauernd die Lehre abbricht, der in der Schule nicht bis zum Schluß durchhält, der sich aus den ihm auferlegten Strafen »nichts zu machen« scheint (da ihm zuviele auferlegt worden sind und er den Nutzen der Einhaltung des Regelsystems nicht erfahren hat), muß der normtragenden Majorität als »unverbesserlich« erscheinen, nämlich jene Normen negierend, die doch als die selbstverständliche Grundlage der Existenzerhaltung und des Zusammenlebens in dieser Gesellschaft gelten.

2.4.3. Fallanalysen

Fallvariation A:

Die normative Haltung Martin Petersens ist hinsichtlich bestimmter Bereiche — etwa was die Beziehungen zwischen den Geschlechtern betrifft — durch Rigidität geprägt. Dies wird aus seiner Entrüstung und der Beschreibung des Rockerverhaltens bei dem Vorfall mit den beiden Mädchen deutlich: Man habe sich »in obszöner und ehrverletzender Weise aufgeführt«, die Mädchen »in unflätigster Weise beschimpft« usw. Offenbar werden hier »Selbstverständlichkeiten« verletzt, denen unter allen Umständen Geltung verschafft werden muß, weshalb Herr Petersen in seiner Hilflosigkeit

48 Anders liegt der Fall der jugendlichen Bande, etwa einer Rocker-gang, insofern und insoweit hier »rebelliert« wird. Die »pädagogische Zugänglichkeit« ist dabei oft gewiß höher einzuschätzen, da die entsprechenden Formen des Protests ja deutlich das Verlangen nach Teilhabe an den gesellschaftlichen Zusammenhängen zum Ausdruck bringen.

(als er verhöhnt wird) selbst die Polizei herbeiruft. Auch der Appell an »den anständigen Kern« der Jugendlichen weist übrigens darauf hin, daß Petersen hinsichtlich der Selbstverständlichkeit jener Normen — denen sich auch der Böswilligste eigentlich nicht entziehen könne — keinerlei Zweifel hegt.

An dieser Stelle scheint ein Hinweis zur Einschätzung des Rockerverhaltens angebracht. Martin Petersens Entsetzen über das Verhalten gegenüber den beiden Mädchen etwa entspringt — versetzen wir uns an seine Stelle — daraus, daß er entsprechende Erfahrungen nicht hat. »So etwas« ist ihm offenbar noch nicht begegnet. Dies muß nun nicht nur an dem Erfahrungshorizont Petersens liegen, der ja immerhin zuvor als Heimerzieher tätig war. Es hat sicher auch mit der Qualität des Verhaltens von Kuddl und den Mitgliedern seiner Gang zu tun. Für eine realistische Einschätzung der Situation mag es nützen, die Möglichkeit ins Auge zu fassen, daß die betreffenden Jugendlichen in Hinblick auf den Umgang mit Mädchen und vielleicht auch mit älteren Leuten jene Verhaltensregeln gar nicht gelernt haben, die das Zusammenleben zwischen den Geschlechtern und Generationen in unserer Gesellschaft mitbestimmen. Die Annahme, daß den Jugendlichen eine diesbezügliche »Innenkontrolle« fehlt, wird durch die Informationen über die Familienverhältnisse, aus denen die Rocker in unserem Fall kommen, gestützt. Insbesondere der Hinweis auf das Standardproblem des fehlenden oder (in Beruf, Erziehung, Ehe) »versagenden« Vaters sowie die schwierige wirtschaftliche, kulturelle und psychische Lage der (Rest-)Familie ist hier zu berücksichtigen. Das bedeutet jedoch nicht, daß man die Wirkung der Gruppensozialisation außer acht zu lassen hätte — etwa die durch die Clique geschürte Aggressivität gegenüber bürgerlicher Wohlanständigkeit, wie sie durch Person und Verhalten Martin Petersens repräsentiert wird. Für die Einschätzung des Konflikts erscheinen uns beide Faktoren bedeutsam.

Das Verhalten des Diakons scheint im übrigen von einer gewissen — wenn auch nicht stark ausgeprägten — Diskreditierungsbereitschaft mitbestimmt zu sein: Er beginnt seine Arbeit mit negativen Erwartungen, was die Hurricans betrifft — »man weiß ja nicht, was man sich da ins Haus holt« —, die er alsbald bestätigt sieht, und er »löst« einen Konflikt mit den Rockern dadurch, daß er die Polizei holt. Mit diesem Verhalten handelt er gewiß im Sinne der normtragenden Majorität, befindet sich also nicht im Widerspruch zu deren Interessen.

Indessen erscheint Petersens Verhalten doch ein wenig gebrochen. Es ist zwar keinesfalls durch Stigmatoleranz gekennzeichnet, denn dazu fehlt ihm offensichtlich jegliches Einfühlungsvermögen hinsichtlich der Persönlichkeiten und der Gruppensituation der Hurricans. Aber seine Haltung ist auch nicht durch »totale«, »unbedingte«, »distanzlose« Diskreditierungsbereitschaft gekennzeichnet, sondern eher durch Abwehrbereitschaft: Er hält sich zunächst zurück, und erst, als die Situation von ihm als unhaltbar angesehen wird, greift er bestrafend ein.

Wir wollen das Augenmerk darauf richten, daß aber ein solches — auf den ersten Blick eher liberales — Verhalten in seiner *Wirkung* überhaupt nicht liberal ist, sondern auf Verfestigung eines Dissoziierungsprozesses hinausläuft. Bei der Einschätzung dieser Wirkung kann man daher sehr leicht zu einem Schuldvorwurf gegen den Diakon Petersen gelangen. Dies wäre aber unserer Meinung nach falsch. Denn jener Konflikt mit den Rockern war vorauszusehen. Das Problem ist hier offenbar zuerst ein Problem des Einrichtungsträgers[49]. Dieser verkennt offenbar die tatsächlichen sozialpädagogischen Probleme, mit denen man es in einem Jugendzentrum zu tun haben kann. Oder er programmiert den Konflikt mit einer einseitigen und nach unserer Ansicht problematischen pädagogischen Zielbestimmung — indem das Jugendzentrum zum Ort der Freizeitarbeit für die »integrierte« Jugend erklärt worden wäre. Der an bildungsbürgerlichen Werten orientierte und der proletarischen und randständigen Jugend von seiner Persönlichkeit her besonders fern stehende Martin Petersen erweist sich jedenfalls in der Praxis als der falsche Mann.

Fallvariation C:
Einige Informationen weisen darauf hin, daß Thomas Christiansens Verhalten eher durch Normendistanz und Stigmatoleranz geprägt ist. Er wendet sich zunächst vorbehaltlos den Rockern zu, deren Auffälligkeit bzw. Abweichungen er offenbar durchaus erträgt. Überdies scheint es auf den ersten Blick so, als berücksichtige er die Diskreditierungsbereitschaft der Majorität, was in seinen Warnungen vor den Kontrollinstanzen zum Ausdruck kommen mag. (»Und wenn ihr auch noch klaut, dann seid ihr bald im Knast.«)
Bei näherem Hinsehen zeigt sich indessen, daß bezüglich jeder dieser Aussagen Einschränkungen angebracht sind. Erstens: Normendistanz bedeutet ja nicht etwa Außerkraftsetzen von Normen, sondern flexible Handhabung unter Berücksichtigung der Situation und der Motivation der Handelnden. Christiansen ist nicht imstande, den Verhaltensregeln (hinsichtlich »Klauen« und »Schnaps mitbringen«) überhaupt Geltung zu verschaffen, etwa zu verdeutlichen, wann gewisse Mindestanforderungen überschritten werden. Und es gelingt ihm offensichtlich nicht, die Motivation der Handelnden in seinen Reaktionen zu berücksichtigen, denn er spricht sie auf einer Ebene an, auf der er keine Verständigung herstellen kann. Er »klärt auf«, ein Verfahren, das — wie wir zuvor schon bemerken mußten — häufig seinen Zweck verfehlt. Andererseits berechtigen seine Bemühungen, den infragestehenden Normen durch rationale (und übrigens unübliche) Begründung Geltung zu verschaffen, zu der Annahme, daß jene Normen für Christiansen keinen Selbstverständlichkeitscharakter haben, sondern »locker sitzen«.

---

49 Der Träger in dieser Fallkonstruktion ist natürlich willkürlich eingesetzt; an seiner Stelle ist jeder andere, ob öffentliche, ob freie Träger denkbar.

Zweitens: Stigmatoleranz hatten wir definiert als die Fähigkeit, mit den Verrufenen, Stigmatisierten in »normale« Beziehung zu treten, in der Beziehung selbst von diskreditierbaren Merkmalen/Eigenschaften abzusehen. Dies scheint Christiansen nur in begrenztem Maße zu verwirklichen. Er »akzeptiert« die Gruppe der Rocker auch zu Beginn des pädagogischen Prozesses nicht in ihrem »Sosein«, sondern vernachlässigt deren Selbstdefinition und reagiert ausschließlich den von ihm erkannten »objektiven Interessen« gemäß (siehe auch Abschnitt 2.2). Gerade hier wird nachvollziehbar, daß Stigmatoleranz sehr viel mit Einfühlungsvermögen zu tun hat und nicht eine bloß rational vermittelbare Einstellung oder etwa bloß eine »Vernunfteigenschaft« ist.
Drittens: Die Diskreditierungsbereitschaft der Majorität, die Christiansen auf den ersten Blick zu berücksichtigen scheint, erweist sich beim näheren Hinsehen als der Faktor, an dem spätestens er scheitert. Denn die Warnung vor dem Gefängnis ist nur scheinbar konkret, insofern sie sich auf eine eventuelle Fernwirkung des jetzigen Handelns bezieht, ohne daß Christiansen ihr durch irgendeine an die gegebene Situation anknüpfende und die Handelnden unmittelbar treffende Reaktion Nachdruck und Fühlbarkeit verliehe. Insofern er der Normverletzung der Rocker durch sein Verhalten nichts Wirksames entgegensetzt, wachsen deren Auffälligkeit und Diskreditierbarkeit. Noch schärfer formuliert heißt das: Christiansen trägt durch die Vernachlässigung der Diskreditierungsbereitschaft der Majorität zu einem Fortschreiten des Dissoziierungsprozesses der Rocker bei.

Arbeitsaufgabe 28: Analysieren Sie in Fallvariation B die pädagogische Reaktion Klaus Warms auf die Auffälligkeit der Rocker. Berücksichtigen Sie bei der Analyse die Reaktion der normtragenden Majorität und des Stadtjugendpflegers!

2.5. Gesellschaftsbild und Adressatenbestimmung oder: wer wird Klient?

Bei der Analyse der Fälle sind wir immer wieder auf die Bedeutung der Definition der Adressaten gestoßen. Die Annahme, es gebe eine selbstverständliche Übereinstimmung, wer eigentlich im Mittelpunkt der sozialpädagogischen Bemühungen zu stehen habe, erweist sich als trügerisch, sobald man näher hinsieht. Tatsächlich ist die Definition der Adressaten der vielleicht wichtigste Teilaspekt der sozialpädagogischen Zielbestimmung. Dies gilt entsprechend auch für die in diesem Buch geforderte Zielsetzung der Verhinderung, Reduzierung oder Eindämmung von Dissoziierungsprozessen. In dieser Bestimmung sind die Randständigen, Außenseiter, Leistungsschwachen, Stigmatisierten u. ä. als primäre Adressaten eingeschlossen.
Das heißt indessen keineswegs, daß das sozialpädagogische Handeln sich

ausschließlich auf sie konzentrieren müßte; denn — auch das zeigen die Fälle deutlich — immer auch sind Angehörige der Majorität, teils auch als Mitarbeiter von Kontrollinstanzen, in die sozialpädagogische Arbeit einzubeziehen. Der Ausdruck »primäre Adressaten« meint also diejenigen, zu deren Gunsten/Nutzen/Hilfe sozialpädagogische Arbeit geleistet werden soll.

Aus unseren Fällen, in denen zwei der Pädagogen (Warms und Christiansen) unsere Adressatendefinition teilten, wird noch ein weiterer Aspekt sichtbar: die Bedeutung des *Gesellschaftsbildes* nicht nur für die pädagogische Zielbestimmung überhaupt, sondern speziell auch für die Adressatendefinition.

»Gesellschaftsbild« ist in diesem Zusammenhang allerdings nicht mehr als eine — mehr oder weniger vage bzw. bewußte — Vorstellung von der Verteilung der Güter oder Chancen, von Privilegien und Benachteiligung, von der Gerechtigkeit oder Mangelhaftigkeit des gesellschaftlichen »Systems«, von der Notwendigkeit seiner Veränderung oder seiner Konservierung/Stabilisierung.

In jedem der drei besprochenen Fälle spielen solche Vorstellungen eine Rolle, obwohl mit durchaus unterschiedlichem Akzent: Am deutlichsten wird die Bedeutung des Gesellschaftsbildes für die Definition der Adressaten wie für die pädagogische Zielsetzung selbst bei Thomas Christiansen, der die »wichtige gesellschaftliche Funktion« seiner Arbeit darin erblickt, daß sie »die Randständigen aus ihrer verzweifelten Lage zu befreien« diene. Sein Vorgehen verdeutlicht im weiteren, daß er »aufklären« will, was heißt, das Bewußtsein der Randständigen für ihre verheerende Lage schärfen, damit diese dann selbst ihre Geschicke bestimmen — ihre Befreiung erkämpfen mögen.

Indessen bliebe die Analyse unvollständig, wenn man sich nur mit dem inhaltlichen Aspekt des Gesellschaftsbildes befassen würde. Unsere lässige Formulierung von einer »mehr oder weniger vagen bzw. bewußten Vorstellung« harrt noch der weiteren Konkretisierung. Eine wichtige Rolle spielt nämlich offenbar das »wie« — die Art, wie die Vorstellung von der Gesellschaft zunächst emotional wirksam wird. Je existentiell bedeutsamer — damit auch emotional bedeutsamer — das Gesellschaftsbild für seinen Träger ist, desto stärker wird sein Handeln davon beeinflußt. In Christiansens Fall ist offensichtlich, daß seine pädagogische Tätigkeit fast ausschließlich von seinen gesellschaftlichen Überzeugungen bestimmt wird. Das führt soweit, daß er die Persönlichkeitsstrukturen seiner Klienten außer Acht läßt und »an ihren Bedürfnissen vorbei« handelt.

Nur auf den ersten Blick ganz anders scheint der Fall bei Martin Petersen zu liegen. Es ist über sein Gesellschaftsbild inhaltlich nichts mitgeteilt. Gleichwohl bildet das Gesellschaftsbild auch hier einen bedeutsamen Aspekt des Falles. Petersen handelt nämlich auch seinen Vorstellungen von der Gesellschaft gemäß, wenn auch diese Vorstellungen nicht bewußt sein mögen oder zumindest meistens unbewußt bleiben. Offenbar stellen die

Randständigen für ihn kein besonderes Problem dar, jedenfalls nicht eines, dem er sich zu widmen hätte.
Aber gerade hieraus ergeben sich Probleme. Petersen reagiert auf die Hurricans mit Abwehr. Den Störungen der Ordnung in der Einrichtung begegnet er am Ende sogar mit Einschalten der Polizei und Aussperrung der Rocker für die Zukunft. Keine Vorstellung von Chancengleichheit, unterschiedlichen Startbedingungen und dergleichen hindert ihn daran. Er wird in seiner emotionalen Betroffenheit nicht gebremst, unterbrochen oder zurückgehalten durch den Gedanken von der gesellschaftlichen Verursachung von Außenseitertum und Randständigkeit. Dies läuft praktisch auf Stabilisierung der gesellschaftlichen Verhältnisse »im Kleinen« hinaus, damit allerdings auch auf Verfestigung von sozialen Problemen wie etwa voranschreitenden Dissoziierungsprozessen.
Wir sollten uns an dieser Stelle vor Augen halten, daß Petersens Verhalten durchaus vereinbar sein mag mit einem Selbstverständnis von »Progressivität«. Und es mag sein, daß Petersen auf einer höheren politischen Ebene — etwa als Parteimitglied oder im Kirchenvorstand — für eine »fortschrittliche« Politik eintritt, beispielsweise die bildungspolitischen Bemühungen um »Chancengleichheit« unterstüzt. Das gegebene Problem ist das der konkreten Beziehung zwischen Gesellschaftsbild und pädagogischen Handeln. Im Falle von Christiansen haben wir bereits gesehen, daß ein entschiedenes Bekenntnis für den Einsatz zugunsten der Randständigen vor Fehlern auf der Handlungsebene nicht schützt. An Petersens Verhalten können wir sehen, daß die Ausblendung gesellschaftlicher Probleme auf der Handlungsebene gleichfalls negative Wirkungen für die betroffenen Klienten haben kann. Für unsere weitere Diskussion dürfen wir hier den Schluß ziehen, daß es offenbar auf die Umsetzung von Erkenntnissen der gesellschaftlichen Bedingtheit von Dissoziierungsprozessen auf die Handlungsebene ankommt.

Wir wollen noch einen Augenblick bei dem Problem der Wirksamkeit des Gesellschaftsbildes auf der Handlungsebene verweilen: Zunächst einmal kann es einen Widerspruch geben zwischen den bewußten Vorstellungen über Güterverteilung sowie gesellschaftliche Mechanismen einerseits und den Gefühlsreaktionen bei der Berührung mit bestimmten gesellschaftlichen Problemen andererseits. Es mag theoretisch angreifbar sein, aber wir neigen dazu, beides — die bewußten Vorstellungen wie die Gekfühlsreaktionen — als Bestandteil des jeweils individuellen Gesellschaftsbildes zu begreifen. Gesellschaftsbilder in diesem Sinne sind Ergebnis von Sozialisationsvorgängen mit unterschiedlicher emotionaler Tiefenwirkung. So geschieht es relativ häufig, daß ein »Bewußtwerdungsprozeß« hinsichtlich gesellschaftlicher, politischer Verhältnisse in einer späten Sozialisationsphase (in der Ausbildung etwa) ausgelöst wird, ohne daß diesem Prozeß die emotionale Verarbeitung von Erkenntnissen, der Abbau von seit der frühen Kindheit erworbenen Einstellungen und der Aufbau neuer Einstellungen entsprechen könnte. Resultat dieser Vorgänge ist regelmäßig eine »gebrochene« Haltung, die durch Widersprüche zwischen Bewußtsein und Handeln gekennzeichnet ist. Sich

> die Gebrochenheit und ihre Ursachen vor Augen zu halten, mag nützen, den Fehler vorschnellen Verdammens, Aburteilens und Verächtlichmachens gerade neu ausgebildeter Erzieher/Sozialpädagogen zu vermeiden. Das jeweils erreichte Niveau eines Lernprozesses muß nach unserer Vermutung auch hier — wie beim Sprechen- und Rechnenlernen — zum Ausgang von Diskussion und Kooperation genommen werden.

Auch bei Klaus Warms ist die Beeinflussung des pädagogischen Handelns durch ein Gesellschaftsbild nur indirekt erkennbar. Indessen weist sein rückhaltloses Eintreten für die Gruppe der Randständigen deutlich auf entsprechende Vorstellungen hin. Die Idee von der gesellschaftlichen Verursachung von Randständigkeit und Außenseitertum scheint bei ihm einherzugehen mit der Vorstellung von der Ungerechtigkeit — vielleicht auch Gewalttätigkeit — des gesellschaftlichen »Systems«, dem er sich, gänzlich auf die Seite der Hurricans tretend, entgegenstellt (»Achtung, die Bullen!«). Folgt man dieser Vermutung, wird man in seinem Fall insoweit Widerspruchslosigkeit zwischen gesellschaftlichem Bewußtsein und pädagogischem Handeln feststellen dürfen.
Für die weitere Diskussion ist die »Schutzabsicht«, die Warms gegenüber den Rockern hegt, als ein positives Element seines Handelns im Auge zu behalten. Problematisch — weil es erfolgreiche pädagogische Arbeit in unserem Sinne (Verhinderung/Eindämmung von Dissoziierung) unmöglich macht — scheint uns aber sein Verhältnis zur gesellschaftlichen Majorität. Anders ausgedrückt: Die Einseitigkeit der gesellschaftlichen Betrachtung, die offenbar nur noch den Schutz der Schwachen/Ausgestoßenen vor der Macht der Majorität beinhaltet, verhindert integrative Anstrengungen. Die gesellschaftliche Majorität kommt dann als Adressat der sozialpädagogischen Bemühungen nicht mehr in Frage. Eben dies ist aber unerläßlich, wenn man Dissoziierungsprozesse verhindern oder eindämmen will.

3. Rollenverständnisse

In unseren Fallvariationen A, B, C haben wir die pädagogischen Orientierungen zu Analysezwecken in Einzelaspekte zerlegt. Nun wollen wir — wie angekündigt — eine theoretische Zusammenfassung der behandelten Positionen entwickeln. Wenn wir hierbei gelegentlich bestimmte Aspekte zuspitzen, so tun wir das zum Zwecke eines klareren Verständnisses. Wir stellen also verschiedene Typen eines »sozialpädagogischen Berufsverständnisses« einander gegenüber (aus denen dann die für die Verwirklichung unserer Zielsetzung — Verhinderung, Eindämmung von Dissoziierung — am besten geeignete Position gewonnen werden soll). Diese Typen sollen von praktischem Nutzen sein, insofern sie helfen sollen, sozialpädagogisches Handeln unter verschiedenen Aspekten einschätzen zu können;

insbesondere sollen sie als Instrumente für die Selbstkorrektur sozialpädagogischen Handelns dienen. Anders ausgedrückt: sie sollen den betroffenen Erzieher/Sozialpädagogen davor schützen helfen, sein Handeln zunehmend in eine der hier beschriebenen Richtungen abgleiten zu lassen. Die Typen sind also auch daran zu messen, ob sie diesem Anspruch gerecht werden; nicht die Frage, ob alles sozialpädagogische Handeln mittels der Typen erfaßt werden kann, ist das Bewährungskriterium, sondern ob in ihnen die »gefährlichen« Zusammenhänge zwischen den verschiedenen Handlungskomponenten berücksichtigt worden sind. Trifft nämlich das letzte zu, erfüllen sie gewiß auch ihren »Warn-/Vorbeuge-/Selbstkorrektur-Charakter«.[50]

3.1. Der Sozialpädagoge als »Lehrer«

Gerade in der Jugendarbeit hat das Verständnis des Sozialpädagogen als »Lehrer« eine lange, bis heute sich durchhaltende Tradition. Der »Lehrer« fand seinen Platz vor allem in der sogenannten »Politischen Bildung«, die nach Gründung der BRD für viele Jahre in zahllosen Veranstaltungen in ländlichen »Jugendhöfen« und städtischen »Häusern der Jugend«, in Heimvolkshochschulen u. ä. *die* Jugendarbeit schlechthin war. Diese politische Bildung bemühte sich auf der Basis eines naiven Demokratieverständnisses vor allem um die Vermittlung von Kenntnissen über die politischen Institutionen und deren Entstehung und Arbeitsweise (mit Themen wie etwa Wahlen, Bundestag und Bundesrat, Kommunalparlamente, Gesetzgebungs- und Verordnungsverfahren usw.). Sie glich damit den entsprechenden Bemühungen an den allgemeinbildenden Schulen wie auch ihre Mitarbeiter in ihrer Funktion und häufig auch in ihrem Selbstverständnis eben »Lehrer« waren.
Kritisiert wurde diese Jugendarbeit in den sechziger Jahren — ähnlich wie die politische Bildung in den Schulen — zunächst wegen ihrer empirisch belegten geringen Effektivität. Es zeigte sich nämlich, daß sie kaum bleibende Lernerfolge aufzuweisen hatte, sofern sie nicht ohnehin lediglich solche (Mittelschicht-)Jugendlichen anzog, die dieser Belehrung gar nicht bedurften. Tiefer noch ging und folgenreicher war aber dann eine Kritik, die als »emanzipatorische«, später auch »antikapitalistische« Jugendarbeit an dem ansetzte, was wir oben »naives Demokratieverständnis« nannten. Der Vorwurf lautete hier, daß diese Jugendarbeit als politische Bildung (und damit der Sozialpädagoge als »Lehrer«) insofern zur »Systemstabilisierung« beitrage, als er ein harmonistisches Gesellschaftsbild verbreite, das der gesellschaftlichen Wirklichkeit nicht entspreche; die Gesellschaft sei vielmehr durch z. T. krasse Widersprüche, durch materielle und kulturelle

50 Wir haben hier eine pragmatische Deutung einer bestimmten Verwendungsmöglichkeit von »Idealtypen« (Max Weber) versucht.

Benachteiligungen gekennzeichnet, eine Tatsache, die (absichtlich oder unabsichtlich) von dieser Art Jugendarbeit verschleiert werde.
Diese Kritik hat, weil theoretisch und empirisch recht gut fundiert, insofern »gewirkt«, als die von ihr angegriffene Position kaum mehr mit einer öffentlich vertretenen Konzeption auftritt. Gleichwohl aber meinen wir, daß der Sozialpädagoge als »Lehrer« in der Praxis durchaus noch verbreitet ist, und zwar nicht nur in der Jugendarbeit, wie wir es am Fall Petersen zu zeigen versucht haben.

Arbeitsaufgabe 29: Haben Sie selbst aus anderen sozialpädagogischen Arbeitsfeldern Erfahrungen mit Sozialpädagogen als »Lehrern«? Wenn ja: Auf welche Beobachtungen stützen Sie Ihr Urteil?

Arbeitsaufgabe 30: Für den Fall, daß Sie mit den Ansätzen der Elementarerziehungen vertraut sind: Lassen sich Hinweise dafür finden, daß auch hier der Sozialpädagoge oft als »Lehrer« verstanden wird?

Der Sozialpädagoge als »Lehrer« wird immer dann »erfolgreich« arbeiten können, wenn die Bedürfnisse seiner Klienten sich mit seinen pädagogischen Absichten, die er ja zu Recht als identisch mit den Majoritätsinteressen ansieht, treffen — wenn im Fall Petersen beispielsweise die Klienten »sinnvolle« Freizeitgestaltung suchen. Allfällige kleinere Konflikte sind dann leicht zu lösen, weil der Sozialpädagoge aufgrund seiner »natürlichen Autorität« als Erwachsener und Pädagoge den »jungen Menschen« nur jenen richtigen Weg weisen muß, den sie vielleicht im Augenblick noch nicht sehen, nach seiner Meinung aber »im Grunde« wohl billigen: die Beziehung bleibt komplementär. Stigmatoleranz und Normendistanz werden nicht beansprucht, weil er sich ja Stigmatisierten und Normbrechern gar nicht zuwendet.
Ist das aber nicht der Fall, tauchen Stigmatisierte und Normbrecher im Handlungsbereich des »Lehrers« auf (bei Herrn Petersen waren es die Hurricans, im Kindergarten mögen es die Ungewaschenen oder die Aggressiven sein), dann scheint ihm ein Chaos zu drohen, auf das er mit Angst, Normenrigidität und Diskreditierungsbereitschaft reagiert und das er durch Absonderung verhindern will. Sein »gutes« Verhältnis zu Majorität und Kontrollinstanzen stellt den Erfolg seiner Absonderungsbemühungen sicher. Wir wollen aber festhalten, daß sein Rückhalt in der Majorität bei anderer Orientierung auch zum Schutz einer abweichenden Klientel einsetzbar wäre.

3.2. Der Sozialpädagoge als »Partner«

Von liberalen Gedanken und der neueren Entwicklung der Erziehungspsychologie und der sog. »klientenzentrierten« psychotherapeutischen Verfahren getragen hat sich in neuerer Zeit weithin der Wunsch nach Partnerschaftlichkeit in den pädagogischen Beziehungen durchgesetzt. Die Diskussion über »politische Bildung« hat ein weiteres dazu getan, diesen Wunsch zu legitimieren und zu festigen. Denn »partnerschaftliche« Beziehungen galten nun als »demokratische« Beziehungen, insofern sie durch einen »Abbau von Macht« charakterisiert zu sein schienen. Das Problem, daß Macht (Befehlsgewalt, Strafgewalt) in pädagogischen Beziehungen meist nur »subjektiv« — also in den Augen der Beteiligten — abgebaut werden kann, in Wahrheit, also »objektiv« bestehen bleibt, muß indessen beachtet werden. Die Freundlichkeit des Pädagogen nimmt ihm ja nicht seine grundsätzliche Befehls- und Sanktionsgewalt.

Arbeitsaufgabe 31: In welchen Situationen — etwa im Heim oder im Kindergarten — kann das Bemühen des Sozialpädagogen um Partnerschaftlichkeit zu seiner Stellung und seinen Aufgaben (zu seiner Sanktionsmacht) innerhalb der Einrichtung in Widerspruch geraten?

Das Berufsverständnis des Sozialpädagogen als Partner (in unseren Fallvariationen durch Klaus Warms vertreten) wollen wir hier so verstehen, daß eben nur (oder jedenfalls erstrangig) der subjektive Aspekt von Macht bzw. Machtabbau berücksichtigt wird. Dies bedeutet zugleich, daß der Sozialpädagoge viel Einfühlungsvermögen gegenüber seinen Klienten entfaltet, Einfühlungsvermögen hinsichtlich ihrer Bedürfnisse und gegebenenfalls auch hinsichtlich ihrer subkulturellen Verhaltensmuster. Man denke an die Rocker, die in ihrer Gruppe geltenden Normen, die besondere Sprache, an typische Einstellungen und Handlungsmotive. Zugleich muß es dem Sozialpädagogen als Partner auf wechselseitiges Vertrauen ankommen, das ja Voraussetzung für partnerschaftliche Beziehungen ist.
Und das Vertrauen der Klienten gegenüber dem Sozialpädagogen hat zur Grundlage, daß letzterer auch eventuelle »problematische« — von der Majorität als abweichend definierte — Verhaltensweisen oder Merkmale akzeptiert. Die Hurricans zum Beispiel sind in doppelter Weise »problematisch«: in einigen ihrer Verhaltensweisen, aber auch bereits in ihren äußerlichen Gruppenzugehörigkeitsmerkmalen (Lederkleidung, Stiefel, Embleme usw.). Der Sozialpädagoge als Partner muß mithin in hohem Maße das verwirklichen, was wir als »Stigmatoleranz« bezeichnet haben. Darin ist eingeschlossen, daß er ganz gewiß nicht normenrigide sein darf. Ob allerdings sein Verhalten durch Normendistanz geprägt ist, scheint uns nicht sicher zu sein. Denn Normendistanz war ja durch Beherrschen von Verhaltensregeln im Sinne der Verwirklichung von Verhaltensspielräumen unter Beachtung unverzichtbarer Minimalanforderungen bzw. der Sanktionsmöglichkeiten der Majorität bestimmt worden.
Für den Sozialpädagogen als Partner gilt indessen die Regel, daß er im Konflikt zwischen Klienten und Majorität sich auf die Seite der Klienten zu stellen habe, auch, wenn dies für ihn selbst Sanktionen zur Folge hat. Ein we-

sentliches Problem scheint für ihn — wie im Fallbeispiel für Klaus Warms — darin zu liegen, daß er zwar seinen Klienten gegenüber die Rolle des »Schützenden« spielen will, daß er aber aufgrund seiner mangelnden Berücksichtigung von Majoritätstinteressen nicht imstande ist, dieser Absicht zu genügen.
Er hat also gewisse Einsichten in gesellschaftliche Zusammenhänge, aufgrund derer er nämlich Randständige, Außenseiter, Benachteiligte als diejenigen bestimmt, denen er sich zu widmen habe. Doch scheint ihm eine realistische Integrationsperspektive zu fehlen, eine Perspektive, die auf Verhinderung, Reduzierung und Eindämmung von Dissoziierungsprozessen hinauslaufen würde und dabei nicht nur die Klienteninteressen, sondern auch die gesellschaftlichen Machtverhältnisse und Majoritätsinteressen berücksichtigen würde. Man kann vielleicht auch sagen, daß der Sozialpädagoge als Partner leicht scheitert, weil er politisch kurzsichtig ist. Und er ist wohl auch einer, der von den Problemen der Klienten aufgefressen werden kann. Die Gefahr der »Selbstaufgabe«, der Entfremdung von Bezugsgruppen, die in die Majorität mehr oder weniger integriert sind, dürfte nicht an den Haaren herbeigezogen sein. Andererseits liegt in der Fähigkeit, in die Lebenswelt der Klienten einzutreten, seine große Stärke. So gesehen hat er die besten Voraussetzungen für erfolgreiche pädagogische Prozesse.

3.3. Der Sozialpädagoge als »Aufklärer«

Die Geschichte der sozialen Arbeit ist geprägt durch ein ganz unzureichendes Ausmaß an Reflexion der gesellschaftlichen Verhältnisse, denen sie sich verdankt, und zwar von der Armenpflege des vorigen bis weit in die sechziger Jahre dieses Jahrhunderts. Zwar machte man durchaus häufig »soziale Mißstände« für die Misere seiner Klienten verantwortlich, kam aber kaum zu einer systematischen gesellschaftstheoretischen Begründung. Das Schicksal der Klienten war eben Schicksal, verursacht durch fehlende Lebensdisziplin oder auch durch die Lieblosigkeit der Umwelt oder durch beides. Demgemäß setzte sich die Sozialpädagogik eine Art (von Nächstenliebe getragener) Lebenshilfe zum Ziel, während die sozialen Ursachen und Folgen ihrer Arbeit ausgeblendet blieben.[51]
Da soziale Arbeit zudem selten nur zum Gegenstand sozialwissenschaftlicher Untersuchungen wurde, konnte das gesellschaftstheoretische Defizit in der Sozialpädagogik überdauern, bis es im Zuge der Studentenrebellion am Ausgang der sechziger und zu Beginn der siebziger Jahre massiver Kritik unterzogen wurde. Mit der Wiederentdeckung marxistischer Theorie wuchs die Erkenntnis, daß der überwiegende Teil der sozialpädagogischen

51 Diese Konzeption findet sich u. E. noch in der schwammigen, wenngleich bis heute weit verbreiteten Zielformulierung der zu leistenden »psycho-sozialen Lebenshilfe« (vgl. z. B. Friedländer/Pfaffenberger, Grundbegriffe und Methoden der Sozialarbeit, Neuwied 1966, S. XVI).

Klientel nicht von einem eher zufälligen Lebensschicksal betroffen war, sondern daß es sich hier um gesellschaftliche Gruppen handelte, die systematisch im kapitalistischen Ausbeutungsprozeß »pauperisiert« (verarmt), »verelendet«, zum »Subproletariat« würden. Der Sozialpädagogik selbst wurde vorgeworfen, daß sie die schlimmsten Erscheinungsformen der Verelendung notdürftig beseitigen helfe und damit die Entstehung kritischen Bewußtseins in der Bevölkerung verhindere. Solche Sozialpädagogik sei »affirmativ« (unterstütze bestehende Verhältnisse) und »systemstabilisierend« und stehe schließlich einer Umwälzung jener gesellschaftlichen Zustände im Wege, durch die Klienten ständig neu produziert würden.
Die wichtigste Aufgabe der Sozialpädagogik, so wurde vor diesem Hintergrund gefordert, sei es dagegen, den Klienten die gesellschaftliche Verursachung ihrer miserablen Lage bewußt zu machen, sie aufzuklären, damit sie als wieder integrierter Teil des Proletariats (oder gar als dessen Vorhut) jene Umwälzung der gesellschaftlichen Verhältnisse in Angriff nähmen.[52]
Der Sozialpädagoge, der sich — ausgesprochen oder unausgesprochen — mit diesem Berufsverständnis »aufklärend« den Randständigen zuwandte, geriet, wenn er sein Konzept strikt und einseitig verfolgte, leicht in ein Dilemma. Er konnte dann zwar scheinbar Normendistanz und Stigmatoleranz üben, aber nur, weil er die mit den bereits erlittenen Beschädigungen verknüpften Bedürfnisse der Klienten gar nicht recht wahrnahm. Er scheiterte (wie in unserem Fall Thomas Christiansen) nicht nur daran, daß er seinen Klienten (in einer notwendig komplementären Beziehung) Einsichten in ihre objektiven Interessen vermitteln wollte, die ihre Lebenswelt nicht trafen; er scheiterte auch (wiederum wie Christiansen) an mangelnder Berücksichtigung von Majorität und Kontrollinstanzen, die ihm den Boden für seine weitere Arbeit entzogen. So konnte der Sozialpädagoge als »Aufklärer« schließlich weder seine Klienten vor weiterer Dissoziierung schützen, noch seiner Konzeption von der gesellschaftlichen Verursachung von Abweichung Geltung verschaffen.

3.4. Der Sozialpädagoge als »Polizist«

Der Vollständigkeit halber wollen wir noch kurz auf einen weiteren »Idealtyp« sozialpädagogischen Berufsverständnisses eingehen, den wir bisher vernachlässigt haben, weil er nach unserer Meinung in weiten Praxisbereichen ausstirbt bzw. ausgestorben ist. Auch dazu zunächst ein Fallbeispiel:

> Im Fürsorgeerziehungsheim Falkenstein, das ein wenig abseits des Großstadttrubels in einem ehemaligen Herrenhof angesiedelt ist und neunzig

52 Wegen ihrer einschlägigen Wirkung, vor allem auch auf die Ausbildung von Sozialpädagogen und Erziehern, sind hier vor allem die beiden folgenden Bücher zu nennen: W. Hollstein/M. Meinhold (Hrsg.), Sozialarbeit unter kapitalistischen Produktionsbedingungen, Frankfurt 1973; Gefesselte Jugend. Fürsorgeerziehung im Kapitalismus, Frankfurt 1971 (vgl. zum letzteren Teil I, S. 18ff.).

männliche jugendliche Heimzöglinge beherbergt, hört der 48jährige Heimerzieher Paul Scharf durch eine nur angelehnte Zimmertür folgendes Gespräch zwischen dem 15jährigen Rolf und dem 14jährigen Heinz.
Rolf: »Eh Mann, heut Abend knallen wir uns einen! Guck mal, was ich hier hab!«
Heinz: »Mensch, wo hast du denn den Rum her? Achtzigprozent — scharf!«
Rolf: »Eh Mann, ich war doch mit Fiete bei'n Einkaufsbummel zu Karstadt. Da gib's das ganz umsonst.«
Hier stößt Herr Scharf die Tür auf, reißt dem verblüfften Rolf die Flasche aus der Hand und brüllt in sichtlicher Erregung: »Diese Unverschämtheit wird euch teuer zu stehen kommen! Ihr meldet euch nachher beim Heimleiter, ich werde auch da sein. Und denkt nicht, daß ihr so leicht davonkommt. Diese Sache wird ein Nachspiel haben ... Schöne Früchtchen seid ihr! Was aus euch wohl mal werden soll! So jung und nichts als Saufen und Klauen im Kopf!«
Dem Heimleiter erklärt Herr Scharf anschließend, es müsse »ein Exempel statuiert« werden. Die beiden Jungen seien »vollkommen verwahrlost«, was »aber auch kein Wunder« sei, denn der Vater von Rolf sei »ein Säufer und deshalb ja auch im Lager gelandet«, und bei Heinz sei wohl gar nichts zu machen, der sei bekanntlich bisher »aus jedem Heim rausgeflogen wegen seiner Unverbesserlichkeit«. —

Es ist kein Zufall, daß unsere Szene sich nicht in der offenen Jugendarbeit abspielt, deren Klienten ja freiwillig in Beziehung zum Sozialpädagogen treten, sondern in einem Fürsorgeerziehungsheim. Wir meinen nämlich, daß dieses Berufsverständnis vor allem in solchen Institutionen überleben kann, in denen einerseits der Sozialpädagoge den abweichenden Klienten nicht ausweichen kann, andererseits die Klienten dem Sozialpädagogen besonders strikt unterworfen sind. Das trifft im vorliegenden Fall zu, weil Fürsorgeerziehung durch richterlichen Beschluß verhängt wird und Herr Scharf in diesem Heim fest angestellt ist; es droht aber auch etwa für die Beziehung zwischen einem Sozialarbeiter und einem alkoholabhängigen Stadtstreicher, der seinen Anspruch auf Sozialhilfe nur als unterwürfige Bitte vorbringen kann.
Der Sozialpädagoge wird zum »Polizisten«, wenn diese beiden Faktoren — Ausgeliefertsein des Klienten und Nichtausweichenkönnen des Sozialpädagogen — mit Orientierungen zusammentreffen, wie wir sie schon beim Sozialpädagogen als »Lehrer« gefunden hatten. Tiefe Überzeugung von der prinzipiellen Gerechtigkeit der Gesellschaft, womöglich unterstützt durch die Erfahrung eigenen sozialen Aufstiegs[53], erlaubt dem Sozialpädagogen

53 An dieser Stelle mag eine erneute Warnung vor der sog. berufsbegleitenden, meist einrichtungsinternen Ausbildung von Erziehern angebracht sein, die häufig wegen mangelnder Qualität und Quantität kritisiert wird. Wir sehen darüber hinaus die Gefahr, daß die Auszubildenden sich nur schwer von den Normen, Routinen, Hierarchien und Ideologien ihrer Träger werden distanzieren können, besonders dann, wenn es sich um nicht mehr ganz junge Berufswechsler handelt, die etwa durch eigene Familie wenig mobil sind und sich z. B. durch eine billigere Dienstwohnung dem Anstellungsträger verpflichtet fühlen.

als »Polizisten« keinen Zweifel an der »Schuld« seiner Klienten. Normendistanz und Stigmatoleranz kann er ihnen gegenüber nicht aufbringen, und die Beziehungen zu ihnen können nur starr komplementär sein. Falls Herr Scharf eine Erziehungsabsicht hat — seine Überzeugug von der »Unverbesserlichkeit« der beiden Jugendlichen stünde ihr im Wege —, so wird er sein Ziel kaum erreichen. Wahrscheinlicher ist, daß die begonnene Dissoziierung sich durch seine Reaktion verschärfen wird.

Arbeitsaufgabe 32: Welche (devianztheoretischen) Erwägungen sprechen für diese Annahme, wenn Sie an die weitere Entwicklung von Rolf und Heinz in diesem Heim denken?

4. Ein anderes Rollenverständnis: der Sozialpädagoge als Sozialpädagoge

4.1. Konzeption

Wir haben das Rollenverständnis des Sozialpädagogen als »Lehrer«, »Partner«, »Aufklärer« und »Polizisten« stark typisiert und konnten dementsprechend deutlich jene Elemente zeigen, die leicht ein pädagogisches Scheitern zur Folge haben. Indem wir nun diese Elemente gleichsam ins Positive wenden, hoffen wir, in ihnen Bausteine für eine sozialpädagogische Position zu finden, die weniger anfällig für dieses systematische Scheitern ist.

Weil der »Sozialpädagoge als Sozialpädagoge« sich Verhinderung von Dissoziierungsprozessen zum Ziel setzt, wendet er sich primär den Randständigen, Außenseitern, schon Stigmatisierten zu, denn diese sind am meisten von solchen Prozessen betroffen oder doch bedroht. Er kennt seine und seiner Klienten Abhängigkeit von Majoritätsinteressen und berücksichtigt sie vor allem dann, wenn ihr Außerachtlassen weitere Aussonderung seiner Klienten bedeuten würde. Er läßt aber auf der anderen Seite gegenüber Majorität wie gegenüber Kontrollinstanzen keinen Zweifel an seiner sachlichen Kompetenz, die er zum Schutz seiner Klienten beansprucht und einsetzt.[54] Insofern er zwischen Majorität und Dissoziierungsbedrohten vermittelt, hat er viel eher ein »doppeltes Mandat« als der Anwalt, der ja nicht nur aus eigenem Entschluß, sondern auch durch seinen rechtlichen Auftrag in erster Linie Klienten zu vertreten hat und erst in zweiter Linie Majori-

54 Der Professionalisierungsgrad der Sozialpädagogen läßt sich u. a. an dem Ausmaß erkennen, in dem ihnen diese Sachkompetenz zugebilligt wird. Das Ausmaß scheint bislang gering zu sein.

tätsinteressen.[55] Dieser Sozialpädagoge kennt die Lebenswelt, gegebenenfalls die Subkultur seiner Klienten. Normendistanz und Stigmatoleranz erlauben es ihm, auf deren subjektive Bedürfnisse insoweit einzugehen, als dadurch nicht zusätzliche Dissoziierungsgefahren geschürt werden. In gleicher Weise kennt er die Interessen und die Macht von Majorität und Kontrollinstanzen und bezieht diese Kenntnis ebenso in die Bestimmung möglicher Freiräume ein wie die Lebensperspektive seiner Klienten. Um diese zu verbessern, sucht er vor allem Existenzbewältigungschancen zu eröffnen bzw. zu vergrößern und respektiert dabei vorhandene subkulturelle Orientierungen, strebt also keine psychische Anpassung an. In seinem Umgang mit Klienten bemüht er sich, auf der Basis von Verständnis, Kenntnis und Respekt jene Komplementarität zu mindern, die für jede sozialpädagogische Beziehung konstitutiv ist. Dabei läßt die Beziehung Raum für Aufklärung (etwa über Majoritätsinteressen oder objektive Interessen der Klienten) und trägt auch Konflikte (etwa über die Gestaltung der Beziehung selbst). Und schließlich ist dieser Sozialpädagoge auch imstande, jeweils gesellschaftliche Ursachen und politische Grenzen seiner Arbeit zu reflektieren.

4.2. Exemplifizierung

Nun fällt allerdings die theoretische Skizzierung eines sozialpädagogischen Berufsverständnisses in relativ abstrakten Begriffen, welche Wünschbarkeiten Ausdruck geben sollen, naturgemäß leichter als die einer solchen Theorie genügende Praxis. Wir können uns daher nicht ohne den Versuch einer beispielhaften Erläuterung davonmachen. Und hierbei türmen sich sogleich Probleme auf, die aus der Tatsache resultieren, daß es zwar oft möglich ist, definitive Fehler zu erkennen, insbesondere sogenannte typische Fehler, daß es aber grundsätzlich beliebig viele mehr oder weniger »angemessene« Verhaltensweisen gibt. Oben haben wir öfter darauf hingewiesen, daß Normen praktisch erst an ihrer Verletzung erkennbar werden, ihre Befolgung indessen selbstverständlich ist. Ihr Inhalt bliebe womöglich dem Bewußtsein gänzlich verborgen, wenn man nicht auf Wiederstände und Abweichungen stoßen würde.
Wenn wir also in einer weiteren (notgedrungen etwas ausführlicheren) Fallvariation zu zeigen versuchen, wie sich ein unserem Rollenverständnis entsprechender Sozialpädagoge in bestimmten Situationen verhält, so ist damit immer nur eine Möglichkeit unter vielen Möglichkeiten angegeben. Überdies sind Verkürzungen verschiedener Art unerläßlich: Gewisse indi-

---

55 Vgl. zur Anwaltsrolle oben S. 51 und zum »doppelten Mandat« L. Böhnisch/H. Lösch, Das Handlungsverständnis des Sozialarbeiters und seine institutionelle Determination; in: H.-U. Otto/S. Schneider (Hrsg.), Gesellschaftliche Perspektiven der Sozialarbeit, Bd. 2, Neuwied/Berlin 1972, S. 21ff.

viduell bedeutsame Sonderheiten der beteiligten Persönlichkeitsstrukturen; finanzielle, ethische und personelle Bedingungen (auch Entwicklungen) beim Träger; familiäre Hintergründe und deren Entwicklung bei Klienten; weitere externe Gruppeneinflüsse und vieles mehr — all dies bleibt weitgehend unberücksichtigt. Wir werden versuchen, ausschnitthaft bedeutsame Entwicklungen auf möglichst konkrete Weise darzustellen. Und wir sind uns bewußt, daß man jederzeit den Vorwurf unzureichender Informationen machen kann; jedoch läßt sich dieser Vorwurf auch bei immer ausführlicheren Darstellungen erheben, so daß es die beispielhafte Erläuterung am Ende unmöglich machen würde.
Eine vielleicht schwererwiegende Verkürzung mag darin bestehen, daß manches im Fallbeispiel zu »implizit« behandelt wird. So geht der zunehmende Rückhalt, den der von uns beobachtete Sozialpädagoge auch bei der Majorität findet, auf irgendetwas — Sympathie? Kompetenzzurechnung? guten Ruf? Erfolge? — zurück, ohne daß die Grundlage dieses Rückhalts hinreichend benannt worden wäre. Solche Lückenhaftigkeit nehmen wir in Kauf.

Der 29jährige Sozialpädagoge Knut Kreutzmann leitet das Jugendzentrum der Stadt N. Als er hier anfing, wurde er unter vier Bewerbern ausgewählt, weil er überzeugend darlegen konnte, daß nicht nur sein seinerzeitiges Jahrespraktikum in einem Haus der offenen Tür, sondern auch seine zweijährige Tätigkeit in der Drogenberatung als »einschlägige Erfahrungen auf dem Gebiet der Jugendarbeit« zu gelten hätten. Eindruck machte bei seinem Einstellungsgespräch auch der Hinweis, daß man in der Stadt N., deren ungewöhnlich hohe Kriminalitätsrate ja berüchtigt sei, in der Jugendarbeit eben die »gefährdeten Jugendlichen« vorrangig als Adressaten zu betrachten habe. Den Sozialdezernenten, der sich gerade diesbezüglich skeptisch zeigte, wies Kreutzmann darauf hin, daß man »sich auf Anlaufschwierigkeiten einstellen« müsse und »natürlich auch mit Konflikten zu rechnen« habe, und er fuhr fort: »Wenn die Stadt sofortige Erfolge erwartet, darf sie mich nicht einstellen. Wer die Probleme der Jugendarbeit halbwegs kennt, weiß, daß nur langfristige geduldige Arbeit helfen kann, die Probleme einzudämmen. Übrigens auch, weil es so schwer ist, mit den Vorurteilen fertig zu werden.«
Kreutzmanns Vorstellungen hinsichtlich der Personalstruktur wurden indessen nicht erfüllt. Zu Beginn seiner Tätigkeit wurden ihm — teils ehrenamtliche, teils nur kurzfristig engagierte — Mitarbeiter zur Seite gestellt, die oft nicht eben klare Vorstellungen von ihren Aufgaben hatten und vielfach auch nicht bereit oder fähig waren, sich näher mit Ziel- und Methodenkonzepten zu befassen. Kreutzmann vertrat dagegen den Standpunkt, daß man die Mitarbeiter mindestens auf ein Jahr verpflichten müsse, wenn man auch in einer solch offenen Einrichtung einem pädagogischen Konzept und der Rolle der Bezugsperson Bedeutsamkeit beimessen wolle. Später gelang es ihm, maßgeblichen Einfluß auf die Einstellungspolitik des Trägers zu gewinnen, wenngleich seine Wünsche bezüglich der Personalstruktur nie ganz erfüllt wurden.
In der äußeren Gestaltung der Einrichtung (mit übrigens sehr kargen finanziellen Mitteln) wie in den Freizeitangeboten kam Kreutzmann offensicht-

lich am meisten den Jugendlichen aus den unteren Sozialschichten entgegen. Der Vorraum des JZ (das Foyer im vormaligen Kino) glich mit seinen Flipperautomaten und Tischfußballgeräten beinahe einer Spielhalle. Die zweimalige Ansetzung eines »Disco-Abends« pro Woche erwies sich als »Kassen-Füller«, obwohl der Eintritt frei war und die ausschließlich nicht-alkoholischen Getränke nur geringfügig über dem Einkaufspreis abgegeben wurden. Schon bald nach Übernahme der Leitung durch Kreutzmann fanden sich auch an den Abenden, an denen nichts Besonderes angeboten wurde, bestimmte Gruppen von Jugendlichen ein. So hatten die Bemühungen von fünf Schülern (drei Gymnasiasten und zwei Realschülern), die mehrere Wochen lang montags, dienstags und donnerstags zwischen 18 und 21 Uhr in einem Raum hinter der Bühne mit dem Einüben eines Repertoires von drei Rock-Stücken beschäftigt waren, immer starken Zuspruch von anderen — insbesondere auch weiblichen — Jugendlichen.

Zu den Problemen, die sich bereits in den ersten Wochen nach der Eröffnung des Jugendzentrums unter der Leitung von Knut Kreutzmann ergaben, gehörte die zunehmende Besetzung der »hall« durch die Rockergruppe »Hurricans«, die beanspruchten, hier jeden zweiten Abend *ihr* Turnier im Tischfußball auszutragen. Dieses Problem eskalierte alsbald zum handfesten Konflikt.

Zu Konflikten kam es zunächst überhaupt häufig. Zum Beispiel gab es dauernd Krach in der »Fernsehecke«. Es handelte sich um einen getrennten Raum, in dem einige ziemlich ausgediente Sessel und Sofas um ein einziges Schwarz-Weiß-Gerät gruppiert waren. Außer bei Wildwestfilmen und Kriminserien konnte man sich so gut wie nie über die Programmwahl einigen. Auch hierbei taten sich alsbald die Hurricans hervor, deren »Präsident« Kuddl eines Abends mit den Worten »so'n Scheiß gibt das hier nich!« an den Apparat trat und ohne weitere Erkundung der Wünsche der anderen und auch ohne die bis dahin übliche aggressiv geführte Diskussion das Programm wechselte. Einer der Gründe, weshalb die TV-Konsumenten an diesem Abend sich nicht wehrten, war die Anwesenheit von Kuddls »Leuten«, die ihn in der offensichtlichen Hoffnung auf eine körperliche Auseinandersetzung ermunterten. Tatsächlich erwarteten sie sehnlichst, daß Kuddl Gelegenheit bekäme, seinen berüchtigten »Bauchstoß« zu demonstrieren. Dies war kürzlich — in Abwesenheit von Kreutzmann — in der hall geschehen, als einer der Schüler darauf bestanden hatte, lange genug am Flipper gewartet zu haben und nun »dran« zu sein. Vincent — so hieß der Betroffene — hatte Rache geschworen, als er sich — den schmerzenden Ellenbogen reibend — vom Boden aufgerappelt hatte.

Und Krach gab es auch, als Kuddl anfing, darauf zu beharren, daß die Hurricans das Musik-Programm für die Disco-Abende gestalten müßten. Diesmal war Kreutzmann anwesend. »Okay, könnt ihr haben«, beschied er Kuddl, »wie wär's mit jedem zweiten Mittwoch?« Der Präsident der Hurricans, der an diesem Abend, den Bestimmungen des Jugendzentrums entgegen, in angetrunkenem Zustand hereingekommen war, wollte sich mit dem Angebot nicht zufriedengeben. »Hey Mann«, erwiderte er, »*jeden* Abend, hab ich gesagt!« Und unter dem zustimmenden Gemurmel seiner Leute fügte er hinzu: »Das ist *mein* Angebot. Und ich sag gleich: Entweder das läuft, oder wir machen den Laden hier dicht, Mann.«

Kreutzmann ließ darauf Kuddl mit der Bemerkung abblitzen: »Iß erst mal ne

Stulle Schwarzbrot! Dann können wir weiterdiskutieren.« Der Angesprochene zeigte sich zunächst ziemlich verblüfft, ihm fiel offenbar so schnell keine Antwort ein, aber als einige aus seiner Gruppe lachten, wurde er wild. »Willst mich wohl verscheißern, Alter!« brüllte er hinter Kreutzmann her, der sich gerade von der Gruppe entfernte, auf die Anrede aber stehenblieb und seelenruhig erwiderte: »Wie hast du das bloß rausgekriegt?«

Als Kuddl nun auf ihn losgehen wollte, geschah etwas für die Umstehenden Unerwartetes. Knut Kreutzmann, der Leiter des Jugendzentrums, hieb plötzlich mit einem ohrenbetäubenden Schlag auf einen nahestehenden Tisch, und sprach — durch Lautstärke seinem Ärger Ausdruck verleihend — in die Schrecksekunde hinein: »Jetzt ist Schluß. Wenn einer was will, soll er herkommen.« Seine unverkennbar drohende Haltung verfehlte ihre Wirkung nicht. Möglicherweise spielte hierbei eine Rolle, daß sich einige aus der Gruppe der Gerüchte über Kreutzmanns Karatekünste erinnerten. Der Präsident der Hurricans erhielt von Kreutzmann den Rat: »Du mit deinem Spritkopp geh man lieber ins Bett!« Diesmal lachte Kuddl mit. An einem der nächsten Abende wurde das Arrangement getroffen, daß die Rocker zweimal monatlich (einmal mittwochs, einmal freitags) den Disco-Abend leiten würden.

Diese Entwicklung zog in der Folgezeit verschiedene, teils auch unerwünschte, Konsequenzen nach sich. Das Verhältnis zwischen den Hurricans und Kreutzmann schien durch wechselseitige Anerkennung gekennzeichnet, wobei der Einrichtungsleiter den Rockern — nach Ansicht einiger Mitarbeiter — zu sehr entgegenkam. Zum Beispiel stellte er sich in dem Konflikt zwischen Schülern und Hurricans nicht auf die Seite der Schüler, obwohl »die doch ein legitimes demokratisches Anliegen« vertraten, wie einer der Mitarbeiter meinte, nämlich gleichberechtigten Zugang zur Halle und den Geräten zu haben. Er erklärte den Schülern, er stünde für alle möglichen Anregungen bereit. Er würde sich um Arbeitsgemeinschaften bemühen, wenn sie welche haben wollten und verwies darauf, daß die neugegründete Tischtennis-Gruppe (montags und donnerstags Nachmittag) und »unsere Rockband« ja auch möglich gewesen seien. Man müsse aber verstehen, daß die Hurricans sich in der hall wohlfühlten und er es als seine Aufgabe ansehe, dafür zu sorgen, daß das so bliebe. In einer späteren Teambesprechung äußerten sich einige Mitarbeiter befremdet über Kreutzmanns Argumentationsstil. Er habe den Schülern nämlich vorgehalten, ,,wie es wohl wäre, wenn da welche eine Schach-AG gründen, und dann kommen die Hurricans dazu und stören!« Kreutzmann gab übrigens zu, nicht sonderlich überzeugend argumentiert zu haben, aber er habe es nicht riskieren wollen, den Schülern zu direkt zu erklären, daß ihm die Probleme der Rocker wichtiger wären als die ihren.

Übrigens hatte Kreutzmann dann bald Gelegenheit, »aus Fehlern zu lernen«, wie er in einer der folgenden Teambesprechungen unumwunden zugab. Als er nämlich den Hurricans mitteilte, die Schüler hätten sich beschwert, weil die Geräte immer von den Rockern besetzt wären, gaben diese unverzüglich einen erneuten Beweis ihrer hervorragenden Gruppensolidarität: »Die Typen sollen sich bloß nicht wieder blicken lassen!« war die einhellige Meinung.

Immerhin kam es dann doch zu einer Annäherung zwischen den Gruppen, als es gelang, ein »offenes Tischfußballturnier« auszutragen. Es wurden an den drei Tagen, die das Turnier in Anspruch nahm, zwar Rekorde aufgestellt, was verbale Bedrohung und Verunglimpfung des Gegners betrifft, doch war man sich am Ende durchaus näher gekommen. (So konnte übrigens auch die Zwistigkeit zwischen Vincent und Kuddl beigelegt werden, nachdem ersterer den Präsidenten besiegt und der seine Anerkennung per Handschlag zum Ausdruck gebracht hatte.)

Zu den nachteiligen Konsequenzen gehörte, daß der Einrichtungsleiter die Arbeit mit gerade dem Teil der Jugendlichen, der seine Bedürfnisse selbst zu bestimmen verstand und verschiedene kulturelle Interessen zeigte, immer mehr an seine Mitarbeiter delegierte. Die jedoch wechselten oft, hatten unterschiedliche Fertigkeiten und konnten daher oftmals die zuvor begonnene Arbeit nicht zufriedenstellend fortsetzen.

Dies wurde immerhin teilweise besser, als man nach einem halben Jahr Kreutzmanns Forderung entsprach, Jahrespraktikanten (Sozialpädagogen im Anerkennungsjahr) zu verpflichten. Dennoch wurde das grundsätzliche Problem, daß der Einrichtungsleiter alle Hände voll zu tun hatte, um mit dem Naheliegenden fertigzuwerden, im ersten Jahr seit Bestehen des Jugendzentrums nicht beseitigt. Zwar gelang es Kreutzmann, einzelnen der randständigen Jugendlichen bei der Bewältigung so existentieller Fragen wie der Beschaffung einer Lehrstelle, eines Arbeitsplatzes, eines Zimmers zu helfen; zwar konnte er durch persönliche Vorsprache bei den Nachbarn ein paarmal verhindern, daß diese sich an die Polizei wendeten, doch konnte er weder den grundsätzlichen Konflikt der betreffenden Jugendlichen mit ihrer Umwelt lösen, noch konnte er die grundsätzliche Benachteiligung der Jugendlichen in Hinblick auf eine selbständige und »ungefährdete« Existenzbewältigung in der Zukunft aufheben. Gegenüber Mitarbeitern stellte er sogar infrage, »ob diese Jugendfreizeitstätten überhaupt einen Sinn haben, wenn es nicht gelingt, systematisch die Bereiche schulische und berufliche Bildung und Arbeitsplatzbeschaffung hier einzubeziehen«. Mit der Volkshochschule kam er überein, daß man bestimmte Bildungsangebote, möglichst sogar die Kurse für nachzuholende Schulabschlüsse, in die Einrichtung selbst verlegen müßte. Die Zuständigkeit dafür wurde dem Zentrum allerdings von verschiedenen Seiten bestritten, wenngleich Kreutzmanns Rückhalt beim Jugendamt der Stadt inzwischen gewachsen ist...

Wenn wir abschließend noch einmal kurz auf unser Fallbeispiel eingehen, so nicht, um die eingangs angeführten Kategorien aus dem Handlungsverlauf herauszusuchen und damit gleichsam die Theorie zu »bestätigen«, sondern um ganz im Gegenteil das reibungsreiche Verhältnis von Theorie und Praxis zu betonen.

Daß die Theorie den Fall nicht ganz würde »decken« können, hatten wir vorausgesagt; aber gewisse offen gebliebene Probleme bedürfen nach unserer Meinung der Beschäftigung. So sehen wir, daß die Position des »Sozialpädagogen als Sozialpädagogen« offenbar an bestimmte institutionelle Voraussetzungen gebunden ist; oder aber, daß die Gestaltung und Veränderung dieser institutionellen Voraussetzungen ein wichtiges Element dieses Berufsverständnisses sein muß. Kreutzmann kann seiner Zielsetzung nur gerecht werden, wenn u. a. die personellen Bedingungen in der Einrichtung ihm die Arbeit mit den Rockern in seinem Sinne ermöglichen. Es klingt an, daß er zumindest vorübergehend Abstriche in seinen Anspruchen machen muß. Wichtig scheint hierbei, daß er die Abstriche *nicht* zum Prinzip werden läßt, indem er stetig weiter um die Verbesserung der personellen Ausstattung kämpft — dies nicht mit nur formalen Forderungen, sondern unter Berufung auf pädagogische Konzeption und Erfahrungen (denen sich die Träger in diesem Fall offenbar nicht ganz entziehen können).

Bedeutsam scheint uns auch, daß Kreutzmann in Verfolg seiner — bzw. unserer — Konzeption bestimmte pädagogische Aufgaben an andere delegiert, wobei er es offenbar durchaus für möglich hält, daß diese anderen jene Aufgaben besser erledigen können als er selbst. Diese spezifische Art von Offenheit entspricht zwar einer immer gern erhobenen Forderung nach Kooperationsbereitschaft, aber sie ist vielleicht in diesem Zusammenhang doch der Erwähnung wert, weil sie eine Verminderung des Kompetenz*anspruchs* und eine gewisse Selbstbescheidung beinhaltet, die offenbar gar nicht zu Lasten der *zugebilligten* Kompetenz und Autorität zu gehen braucht: das Gegenteil ist zu erwarten.

Was übrigens Autorität betrifft, so scheint das Fallbeispiel darauf hinauszulaufen, daß Kreutzmann seine Autorität seiner Kraft oder seiner vermuteten Kraft zu verdanken habe. Seine Macht würde also auf einem schieren Gewaltverhältnis beruhen. Dies scheint uns aber nicht zwingend zu sein. Kreutzmanns Verhalten im Konfliktfall (Kraftdemonstration, »Rauslassen« von Ärger) ist — so muß gerade hier betont werden — *eine* Möglichkeit. Diese Möglichkeit hat freilich an dieser Stelle insofern einiges für sich, als sie wahrscheinlich anknüpft an Primärerfahrungen der Jugendlichen, eventuell sogar tiefsitzenden Bedürfnissen entspricht. Und die Verständigung steht hier sowohl auf der inhaltlichen als auch auf der emotionalen Ebene nicht in Frage. Schließlich muß man annehmen, daß Kreutzmann eben nur »anknüpfen«, d. h. auf längere Sicht zu anderen Kommunikationsformen kommen will.

Daß im übrigen Kreutzmann nicht autoritär (im Sinne von normenrigid, autoritätshörig, angstvoll) ist, ergibt sich aus verschiedenen Hinweisen. Besonders zu beachten ist hier nach unserer Meinung seine Fähigkeit, Fehler zuzugestehen und aus Fehlern zu lernen.

Hier zeigt sich allerdings auch das Problem einer angemessenen Darstellung. Denn die Prozeßhaftigkeit sozialpädagogischen Handelns, die immer zu neuen Reaktionen zwingt und immer neue Handlungschancen bietet und damit auch die Chance der Selbstkorrektur, hat in unserem letzten Fallbeispiel Berücksichtigung gefunden. Daß auch Petersen, Warms und Christiansen lernen können, haben wir vordem (zu Erkenntniszwecken) verschwiegen.

Wenn es uns aber gelungen wäre, einige der Widerstände systematisch herauszuarbeiten, mit denen der Sozialpädagoge zu rechnen hat, der sich der Aufgabe der Verhinderung oder Eindämmung von Dissoziierung widmet, dann mag damit schon manchem genützt sein.

Wenden wir uns nun noch einmal einigen unserer Fälle im ersten Teil zu (S. 10ff.). Obwohl diese Fälle nur in Ausschnitten dargestellt werden, wird in ihnen jeweils eine bestimmte Problemlage sichtbar. Aufgrund der vorangegangenen ausführlichen Auseinandersetzung mit wesentlichen Elementen sozialpädagogischen Handelns ist es nunmehr möglich, für jeden dieser Fälle eine Strategie zu entwickeln. Natürlich kann es sich dabei — wegen der fehlenden Informationen — nicht um einen detaillierten Vorgehensplan handeln. Immerhin sind aber wichtige Bestandteile eines solchen Planes festzuhalten. Und zugleich wird damit eine Art Kurzanalyse des jeweiligen sozialpädagogischen Problems gegeben. Es geht um den Entwurf von »Strategieskizzen«.
Wenn wir uns auch hier um eine gewisse Systematik der Fragestellung bemühen, so nur, um die Arbeit zu erleichtern. Die Systematik ist überhaupt nicht zwingend, und es ist wahrscheinlich, daß die entsprechenden Antworten sich überlappen. Daher sollte die Fragestellung beim Entwurf der jeweiligen Strategieskizze eher als Anregung verstanden werden.

Arbeitsaufgabe 33: Die Erzieherin Karina im Fall A (S. 10) schien in ihrer Gruppe einige Probleme mit den Türkenkindern und einem Mädchen »aus dem Lager« zu haben. Führen Sie aus,

a) was das allgemeine Leitziel der Verhinderung bzw. Eindämmung von Dissoziierung hier im einzelnen bedeutet;

b) wer als primärer Adressat zu gelten hat und wer des weiteren mit welcher Zielrichtung in den pädagogischen Prozeß einzubeziehen ist;

c) welche Probleme der inhaltlichen und emotionalen Verständigung hier auftauchen können und wie diesen Problemen evtl. entgegenzuwirken wäre;

d) welche Probleme sich hier in Hinblick auf die Berücksichtigung von Klientenbedürfnissen und Majoritätsinteressen ergeben;

e) welche Probleme bezüglich Stigmatoleranz und Diskreditierungsbereitschaft zu erwarten sind und welche Anforderungen an die normative Haltung Karinas faktisch gestellt werden und welche zu stellen sind.

Arbeitsaufgabe 34: Fall B (S. 11) handelte von dem Mädchen Petra, dem nach Heimentweichungen und einem Kaufhausdiebstahl die Fürsorgeerziehung bevorstand. Berücksichtigen Sie bei Ihrer Strategieskizze,

a) welche Maßnahmen geeignet erscheinen, Petras begonnene Dissoziierung einzudämmen;

b) welche Personen oder welche Gruppen in welche Richtung beeinflußt werden müssen;

c) welche Bedürfnisse Petras welchen Majoritätsinteressen gegenüberstehen und

d) welche Rolle Stigmatoleranz und Normendistanz der Erzieher und Diskreditierungsbereitschaft der Majorität spielen mögen.

Arbeitsaufgabe 35: Im Fall D (S. 12) wollte Frau B., alleinlebende Mutter von sechs Kindern, ihr siebentes Kind nicht austragen. Stellen Sie dar

a) welche konkreten Dissoziierungsprozesse hier zu erwarten und wie sie zu verhindern sind;

b) wen ein Sozialpädagoge in die Verhinderungsbemühungen mit welcher Absicht einbeziehen sollte;

c) ob ein Widerspruch zwischen Frau B.'s Wünschen und den Interessen der Majorität erkennbar wird;

d) mit welchen Problemen hinsichtlich Stigmatoleranz und Diskreditierungsbereitschaft der Beteiligten zu rechnen ist.

Arbeitsaufgabe 36: Im Fall des behinderten Jens-Uwe (Fall F, S. 13f.) war in der Schule eine problematische Entwicklung beobachtet worden, die jedoch in Entstehung und Wirkung über den Bereich der Schule hinausreichte. Stellen Sie dar,

a) worin für Sie die wichtigsten Ziele der sozialpädagogischen Intervention in diesem schon fortgeschrittenen Dissoziierungsprozeß bestehen;

b) wen Sie außer Jens-Uwe als Adressaten in Ihre sozialpädagogischen Bemühungen einbeziehen würden;

c) ob und gegebenenfalls welche Probleme der inhaltlichen und emotionalen Verständigung Sie bei welchen Adressaten erwarten würden;

d) in welcher Weise Sie hier Majoritätsinteressen im Spiele sehen und inwieweit Sie dies im weiteren Vorgehen berücksichtigen würden;

e) wo Sie Probleme von Stigmatoleranz und Diskreditierungsbereitschaft erblicken und wie Sie ansetzen würden, um diese Probleme zu verringern.

Arbeitsaufgabe 37: Heinrich B. im Fall G (S. 14) drohte der Widerruf seiner Strafaussetzung zur Bewährung. Beziehen Sie in Ihre Überlegungen ein,

a) welche Personen/Gruppen/Instanzen einbezogen werden müssen, wenn Heinrich B.'s weitere Dissoziierung verhindert werden soll;
b) welche Bedürfnisse Heinrich B.'s, welche Majoritätsinteressen und welche Kommunikationsprobleme angesichts seiner Vorgeschichte im Spiel sein mögen;
c) mit welchem Ausmaß von Stigmatoleranz und Diskreditierungsbereitschaft zu rechnen ist.

Literatur

Autorenkollektiv: Gefesselte Jugend. Fürsorgeerziehung im Kapitalismus, Frankfurt 1971

Bang, R.: Psychologische und methodische Grundlagen der Einzelfallhilfe, Wiesbaden 1958

Becker, H. S.: Außenseiter. Zur Soziologie abweichenden Verhaltens, Stuttgart 1973

Böhnisch, L., Lösch, H.: Das Handlungsverständnis des Sozialarbeiters und seine institutionelle Determination, in: Otto, H. U., Schneider, S. (Hrsg.): Gesellschaftliche Perspektiven der Sozialarbeit, Bd. 2, Neuwied und Berlin 1973, S. 21 ff.

Cohen, A. K.: Kriminelle Jugend. Zur Soziologie des Bandenwesens, Reinbek 1961

Feest, J.: Die Situation des Verdachts; in: Feest, J., Lautmann, R. (Hrsg.): Die Polizei, Opladen 1971, S. 71 ff.

Friedländer, H., Pfaffenberger, H.: Grundbegriffe und Methoden der Sozialarbeit, Neuwied 1966

Freud, S.: Abriß der Psychoanalyse, Frankfurt 1953

Freud, S.: Neue Folge der Vorlesungen zur Einführung in die Psychoanalyse; in: Freud, S., Studienausgabe, Bd. 1, Frankfurt 1969, S. 448 ff.

Goffman, E.: Stigma. Über Techniken der Bewältigung beschädigter Identität, Frankfurt 1967

Goffman, E.: Asyle. Über die soziale Situation psychiatrischer Patienten und anderer Insassen, Frankfurt 1972

Haferkamp, H.: Kriminalität ist normal, Stuttgart 1972

Hoffman, M. L.: Moral Development; in: Mussen, P. H. (Hrsg.): Carmichaels Manual of Child Psychology, Bd. 2, New York 1970

Hollstein, W., Meinhold, M.: Sozialarbeit unter kapitalistischen Produktionsbedingungen, Frankfurt 1973

Hornstein, W.: Bildungsplanung ohne sozialpädagogische Perspektive; in: Z. f. Päd. 1971, Heft 3

Iben, G.: Die Sozialpädagogik und ihre Theorie; in: Z. f. Päd. 1969, Heft 4

Jürgens, H. W.: Asozialität als biologisches und sozialbiologisches Problem, Stuttgart 1961

Kerscher, I.: Sozialwissenschaftliche Kriminalitätstheorien, Weinheim und Basel 1977

Lingesleben, O.: Die Berufssituation der Sozialarbeiter, Köln und Opladen 1968

Merton, R. K.: Sozialstruktur und Anomie; in: Sack, F., König, R. (Hrsg.): Kriminalsoziologie, Frankfurt 1968

Mollenhauer, K.: Stichwort „Sozialpädagogik"; in: Fischer Lexikon Pädagogik, Frankfurt 1973

Neidhardt, F.: Strukturbedingungen und Probleme familialer Sozialisation; in: Claessens, D., Milhoffer, P. (Hrsg.), Familiensoziologie, Frankfurt 1973, S. 205 ff.

Nohl, H.: Die Sozialpädagogik in der Wohlfahrtspflege; in: Nohl, H.: Aufgaben und Wege der Sozialpädagogik, Weinheim 1965

Peters, D.: Richter im Dienst der Macht. Zur gesellschaftlichen Verteilung der Kriminalität, Stuttgart 1973

Quensel, S.: Wie wird man kriminell? Verlaufsmodell einer fehlgeschlagenen Interaktion zwischen Delinquenten und Sanktionsinstanz; in: Giesecke, H. (Hrsg.); Offensive Sozialpädagogik, Göttingen 1973, S. 45 ff.

Springer, W.: Kriminalitätstheorien und ihr Realitätsgehalt, Stuttgart 1973

Sutherland, E. H.: Die Theorie der differentiellen Kontakte; in: Sack, F., König, R. (Hrsg.): Kriminalsoziologie, Frankfurt 1968, S. 395 ff.
Sack, F.: Neue Perspektiven in der Kriminologie; in: Sack, F., König, R. (Hrsg.); Kriminalsoziologie, Frankfurt 1968, S. 431 ff.
Trabandt, H., Trabandt, H.: Aufklärung über Abweichung. Über die Praxisrelevanz von Devianztheorien, Stuttgart 1975
Trabandt, H.: Wem hilft die Sonderschule? Untersuchungen über die Herstellung und Verwaltung von Dummheit, Königstein/Ts. 1979
Weber, Max: Die protestantische Ethik und der Geist des Kapitalismus, Tübingen 1934
Watzlawik, P. u. a.: Menschliche Kommunikation, Bern 1972
Werner, Wolfgang: Vom Waisenhaus ins Zuchthaus, Frankfurt 1972